口絵1（本文32P）
巨大積乱雲がさらに発達すると
スーパーセルになる
©Minerva Studio

さくら舎

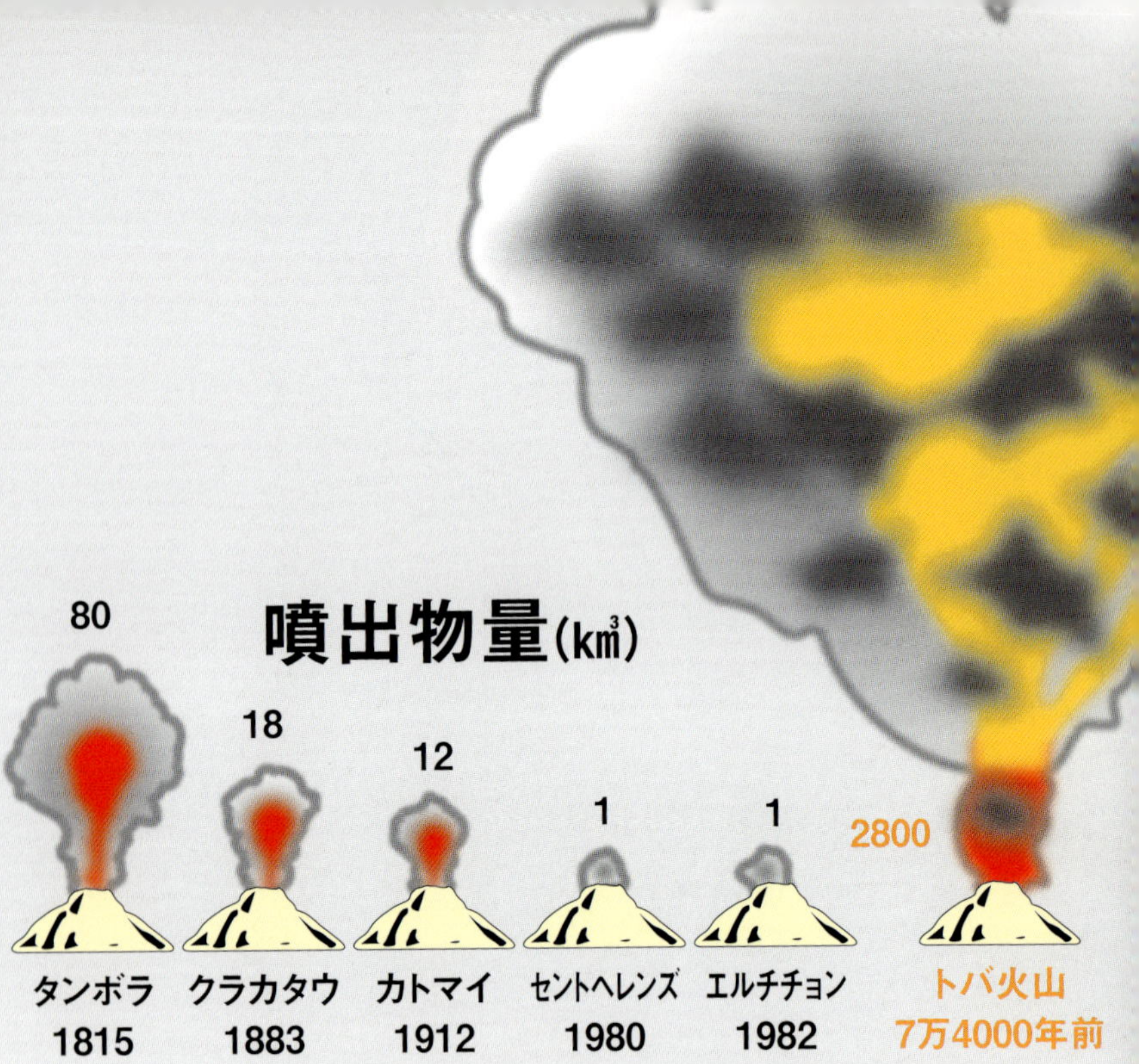

口絵２　過去にあった大噴火の噴出物量の比較。200年前のタンボラの噴火は、翌年ヨーロッパに「夏のない年」をもたらした
(本文52P)

口絵３　1980 年に噴火する前のセントヘレンズの姿
(本文 45P)

口絵４　噴火後のセントヘレンズ。山頂の部分が消えて
(本文 45P) しまった

口絵５（本文 57P）
アメリカの国立公園イエローストーンは巨大火山カルデラ。温泉地帯でもある。イエローストーンが噴いたら、アメリカのみならず世界が滅亡する可能性がある

口絵６（本文 92P）
富山にある日本最大級の水力発電ダムの黒部ダム。黒部川１本で原発１基分の電気が出せる
©Qurren
出典：ウィキメディア・コモンズ

口絵７　宇宙ステーション。動力源は太陽光発電だけ。宇宙空間での
（本文 105P）大問題は（放射による）熱の捨て方

口絵８（本文 110P）
スペイン・セビリアにある太陽熱発電所「ヘマソラール」（太陽の宝石）。鏡で反射された光が一点に集まって熱が発生する
©SIPA/amanaimages

口絵９　深海魚の１つ、三脚魚のチョウチンハダカ。驚くべき方法
(本文 145P)　で繁殖活動をしている

口絵 10　アフリカのジャングルにいる、森の貴婦人と呼ばれるオカピ。
(本文 150P)　キリンとオカピは共通の祖先から分かれた

口絵 13　カメの赤ちゃんのへそ。
(本文 171P)　産まれて時間がたつと
消えてしまう　© 麻生 健洲

口絵 11　魚類の卵とは思えないサメ
(本文 163P)　の卵。マーメイドポーチ、
人魚の袋といわれている

口絵 12　卵食・共食いで繁殖する珍しいサメ、シロワニ
(本文 164P)
©Jeff kubina　出典：ウィキメディア・コモンズ

口絵 14　恐竜人間ダイノサウロイド。恐竜が現代まで生き残っていたとしたらこんな姿に
（本文 180P）

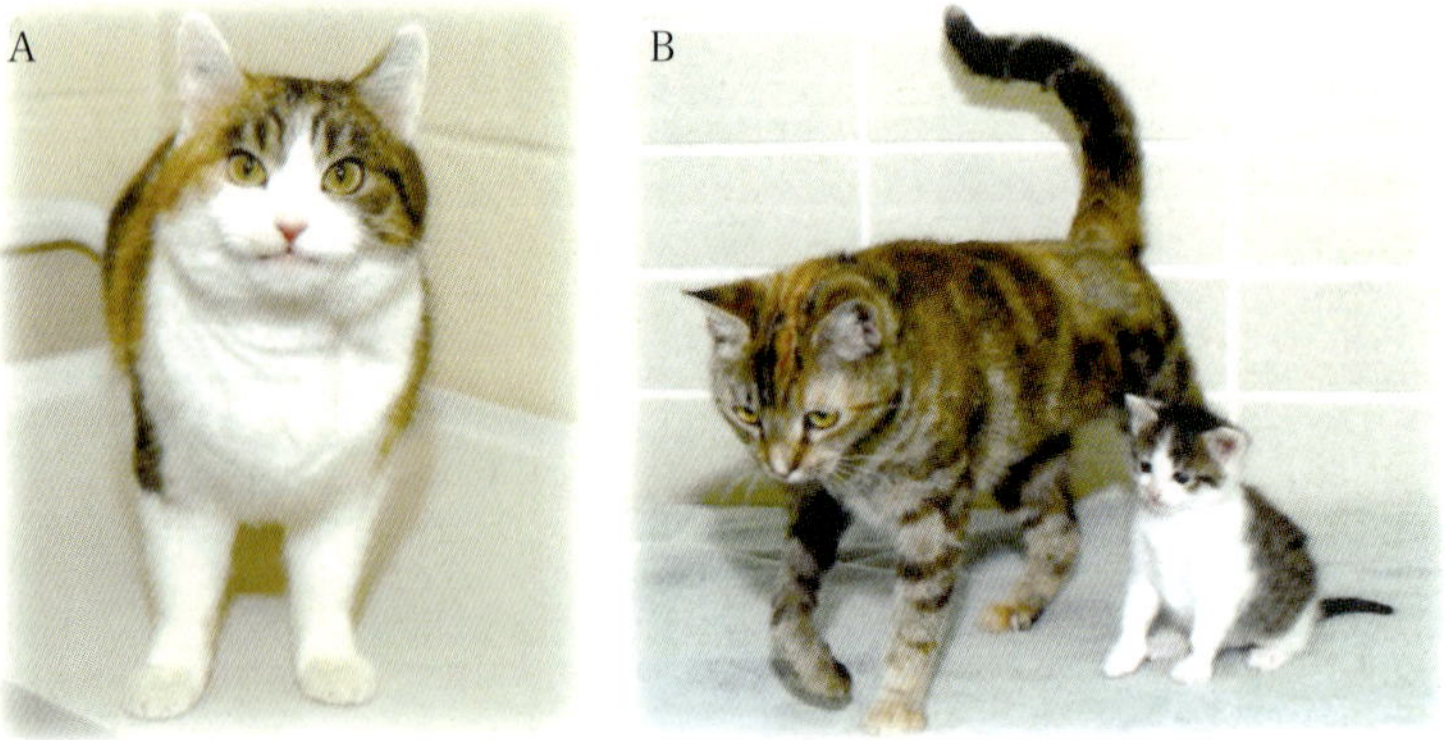

↑コピーの元となった猫

↑代理母

↑Aの猫の細胞の一部から生まれたコピーキャット（クローン猫）

口絵 15　コピーキャット
（本文 196P）

目次◆　超ヤバい話

——地球・人間・エネルギーの危機と未来

第1章　天変地異論

～これからの地球はどうなる～

地球は本当に温暖化しているのか？

第2章

大エネルギー論

~世界のエネルギー事情最前線~

目次

第3章

生物学者が見る「人間」

目次

ゆるしの技術 "if I were you,"

超ヤバい話

――地球・人間・エネルギーの危機と未来

本書は新宿ロフトプラスワンならびにロフトプラスワンＷＥＳＴにて行われた「長沼毅のほろ酔い大学」の講義内容を大幅に加筆・修正、再編集したものです。

第１章　天変地異論～これからの地球はどうなる～
（２０１５年４月５日　新宿ロフトプラスワン）

第２章　大エネルギー論～世界のエネルギー事情最前線～
（２０１４年11月25日　新宿ロフトプラスワン）

第３章　生物学者が見る「人間」
（２０１６年７月７日　ロフトプラスワンＷＥＳＴ）

第1章

天変地異論

～これからの地球はどうなる～

地球は本当に温暖化しているのか？

夏の北極海から氷が消える!?

きょうは、「これからの地球はどうなる？　地球の危機って何？」ということで、天変地異とカタストロフィーの話をいくつか用意してきました。具体的には「地球温暖化」「気候の激甚化」「地球の寒冷化」「巨大噴火」の4つのテーマで話します。

地震や津波はないのかと言う方もいるかと思いますが、確かにあれはカタストロフィーではあるけれど、地震や津波がいくら巨大でも地球は壊れません。私がきょうここで言いたいのは地球の危機、地球が壊れるとか文明が滅びるという話をしたいので、そういう話に絞ると、地震や津波では地球は壊れないし文明も滅びないので、きょうの話には入れません。

べつに地震や津波をばかにしているのではありません。ただ、私の観点はあくまでも地球が壊れるとか、文明が滅びるとか、人間が絶滅するということなので、そういう話をしたいと思っているということです。その意味では、地球温暖化で地球は壊れないし、人間の文明も崩壊しないし、人類も絶滅しません。だから、温暖化はあまり乗り気でないのですが、これを話さないと世間一般的には怒られちゃうので、一応話します。

面白い話がありまして、2007年、BBCというイギリスのテレビ局がこんな報道をしました。日本でいうとNHKに相当するようなテレビ局ですが、「2013年までに夏の北極海から氷が消える」というのです。北極は海で、南極は大陸です。北極海は夏でも凍っています。その夏の氷がいずれ消えちゃうと2007年に言われました。2013年までに、夏は完全にオープンウォーターになって船が自由に通れますと。そうなったら日本からヨーロッパに行くのに南回りしなくていい、北極海回りで行けちゃうという話がありました。

それがどうだったか。2013年の夏、北極の海氷や氷床は増加に転じました。つまり氷はなくなるどころか増えたのです。しかし、2014、2015、2016年とまた北極海の夏の氷の面積は減りだしました。今後も北極海の氷はたぶん減るだろうと私も思いますが、まったく消えてしまうわけでもないだろうと思っています。

北極海の氷で言うと、心配なのはシロクマ（ホッキョクグマ）です。シロクマは食べ物のほとんどがアザラシです。アザラシを捕るときは、海の表面が凍った海氷の上からアザラシを捕まえるのです。アザラシはほ乳類で魚ではないから、ときどき息をしに上がってきます。その息をしに上がってくるところを捕まえるのがシロクマのハンティングです。

だから海の上に氷がないとシロクマはアザラシを捕れません。シロクマは確かに泳ぎが上手ですが、シロクマといえども泳いでいてアザラシは捕れないので、氷がなくなっちゃうとシロクマはアザラシが捕れなくなって飢え死にするという話です。

確かにそうです。ただ、シロクマもさすがに最近は陸に上がっています。陸に上がると、そこにはヒグマがいる。アメリカでいうとグリズリーです。で、ヒグマと出会ったシロクマはどうなる——という話です。

これはドイツの動物園での話ですが、2004年のことです。シロクマは雄《おす》、ヒグマが雌《めす》、これが動物園で交わって子どもが生まれました。ヒグマとシロクマのハイブリッド（雑種）が生まれたわけです。

これは動物園での話でしたが、自然界でもやはり起きています。大事なことは、この子ども（雑種）はシロクマの遺伝子も持っているし、ヒグマの遺伝子も持っているということです。つまりシロクマはこういった形で遺伝子を残せるのです。こういう子どもがいっぱい生まれるとして、こういう子ども同士がまた交わって孫が生まれると、いわゆる「メンデルの遺伝の法則」で、4分の1は純潔なシロクマになります。そんなことで、シロクマの遺伝子そのものは保存されるのです。

ただ、雑種というと、「雑種不稔《ざっしゅふねん》」を思い出す人もいるでしょう。雑種不稔とは、雑種同士を掛け合わせても繁殖できないことを指します。つまり、ホッキョクグマとヒグマの親から見れば、雑種の子は産まれても、孫はできないということになります。

　ところが２０１２年、ロシアの動物園でできたのですね、雑種の孫が。この例はクマではなく、ライオンとタイガー（トラ）でした。

　まず、父ライオンと母タイガーの間に雌が生まれました。父のほうを先に言う習慣があるので、この雑種は「ライガー」と呼ばれます（逆ならタイゴン）。

　そして、この雌ライガーに雄ライオンを掛け合わせたら、なんと雌ライガーは雑種なのに子を産んだのです。雑種の雑種なので「ライライガー」と呼ばれました。なんと、このカップルからは翌年（２０１３年）にも３頭のライライガーが生まれました。さらにアメリカの動物園でも同じことが起きたのですから、もう奇跡ではなく普通のことに思えるほどです。

　これはネコ目ネコ科ヒョウ属の間の雑種でしたが、同じことがネコ目クマ科クマ属の間でも起こるとしたら、シロクマの遺伝子も、こういう雑種形成（ハイブリダイゼーション）を通して意外と残り、子孫に引き継がれるのではないでしょうか。

　地球温暖化は過去にも何回かあったので、たぶんそういう形でシロクマたちは遺伝子を保存したのではないかというのが私の説です。

気候の激甚化

むしろ、みなさんの関心が高いのは「気候の激甚《げきじん》化」だと思います。私のところにも「なぜ最近は春の嵐が多いんですか」などの問い合わせがメディアから来たりしていますし、きょうは春の嵐、冬の嵐も含めて気候の激甚化の話を深く掘り下げようと思います。

まず私の身近なことで言えば、2014年8月20日に広島市で死者77人（関連死含む）というものすごい土砂災害がありました。広島というのはもともと土砂災害が起きやすい土地ですが、77人も亡くなったというのはショックです。こういったことで私たちはいま、半端でない大雨が予想もしなかった土砂崩れを起こして、人がいっぱい死んでしまうという事実に直面しています。これから実際にあったひどい話をしていこうと思います。

実を言うと、激甚気候による災害はべつにいま始まったことではなく、昔からあることです。ただ、最近はわれわれが油断していることが多いのか、いったんそういうことが起きると、「うわあ、大変だ」となってしまう。「でも、昔からあったんですよ」ということを言いたいので、昔話をちょっと掘り下げます。

1945年、終戦直後の9月17日に、枕崎《まくらざき》台風というスーパー台風が日本を襲いました。九州は鹿児島県の枕崎に上陸して、日本列島をなめるように縦断しました。広島だけで死者・行方不明者が2000人を超えました。非公認ながら観測された最低気圧は856ヘクトパスカル。聞くだけでヤバいでしょう。

ここで「広島だけで」と言ったのには理由があって、この台風が来たのは広島の原爆のわずか42日後です。広島が原爆でひどい目に遭って42日ですから、まだ何も備えができていません。がれきだらけです。そういうがれきの状態のときに巨大台風が襲ったのです。そのせいで２０００人も死んだのです。本当に泣きっ面に蜂です。悲惨です。

われわれはいま、いろいろな災害に備えています。地震、台風、竜巻、津波、いろいろなものに備えてはいるけれど、「連続する災害」にはまだ備えていません。台風が来てシッチャカメッチャカのときに地震が来ましたとか、逆に、地震の直後に台風が来たらどうなるんでしょう。実際に70年前に広島であったのです。原爆のわずか42日後にこんな台風が来ちゃった。史上最強です。

実はこのことについては柳田邦男さんが『空白の天気図』という本を書いています。この本は昔に出たのですが、なんとつい最近復刻されています。文春文庫から文庫本として新たに出たのです。みなさんもチャンスがあったら、この『空白の天気図』という文庫本を手に取って読んでみてください。

枕崎台風が来たのは１９４５年9月17日でしたが、さらにその翌月の10月10日、阿久根《あくね》台風というものも来ました。これは実を言うとたいした台風ではありません。それでも、やはり連発する災害はつらいのです。ちょっとした台風でも、いっぱい人が死んでしまったのです。やはり連発する災害というものは怖いです。だからわれわれは、単発の災害だけではなく、連発する災害にも備えておいたほうがいいだろうと思います。

ちなみに、阿久根台風は広島をも襲いました。原爆からまだ65日しかたっていないタイミングでした。枕崎台風からはたった23日です。広島は泣きっ面に蜂が2回刺しました。非常に大変なことがいっぱいあったのです。

史上最悪の伊勢湾台風

この阿久根台風に私が言及している理由がもうひとつあります。実は私の母が阿久根出身なのです。母は1932年9月29日生まれ。つまり、この日というのは母にとって13歳の誕生日のすぐあとでした。母が13歳の誕生日を迎えたすぐあとに阿久根台風に見舞われたのです。大変な難儀をしたと思います。

さらに言いたいのは、母はよくよく台風に縁があったのでしょう、27歳の誕生日を目前にして伊勢湾台風（1959年）に出合います。このとき母は父と結婚して鹿児島から名古屋に引っ越していました。そして、27歳の誕生日を目前に伊勢湾台風です。

伊勢湾台風というのは、名前ぐらいは知っているかもしれませんが、死者行方不明者が5098人という台風です。阪神淡路大震災が6437名ですから、それ以前では最悪の災難でした。台風災害としては史上最悪です。これにうちの父と母は遭ったのです。

こういう台風に遭ったんだけれど、うちの父母は九死に一生を得て、この9カ月後に私を受胎します。台風に遭ったのに元気に私を受胎してくれて、その10カ月後に私が生まれました。それが1961年4月12日、人間初の宇宙飛行のまさにその日です。このときに頑張って私を生んでくれた母、いまはもう天国にいますが、天国の母には感謝したいと思っています。そういう特別な日でもあります。

爆弾低気圧

最近みなさんはたぶん「冬の嵐」とか「春の嵐」、さらに「爆弾低気圧」という言葉をよく耳にすると思います。春の嵐はメイストームと言うこともありますが、これは英語っぽいですけど英語ではありません。日本人の誰かが考えついた名前でしょう。

昔、私の年齢より古い人だったら、「台湾坊主」という名前を知っていると思います。台湾のほうから来るおっかない低気圧というので、「台湾坊主」といいました。ただし、これらの名前は全部通称であって、気象庁的に正しい名前は「南岸低気圧」です。日本列島の南岸に来る低気圧で急速に発達します。

急速に発達するから「爆弾低気圧」とも呼ばれます。冬から春にかけて太平洋側、東京でも雪が降ることがありますが、ああいったものはこの南岸低気圧のせいです。これが最近ものすごく凶暴になっています。

南岸低気圧ってそもそも何よ、という話はさておき、この天気図はいわゆる「地上天気図」

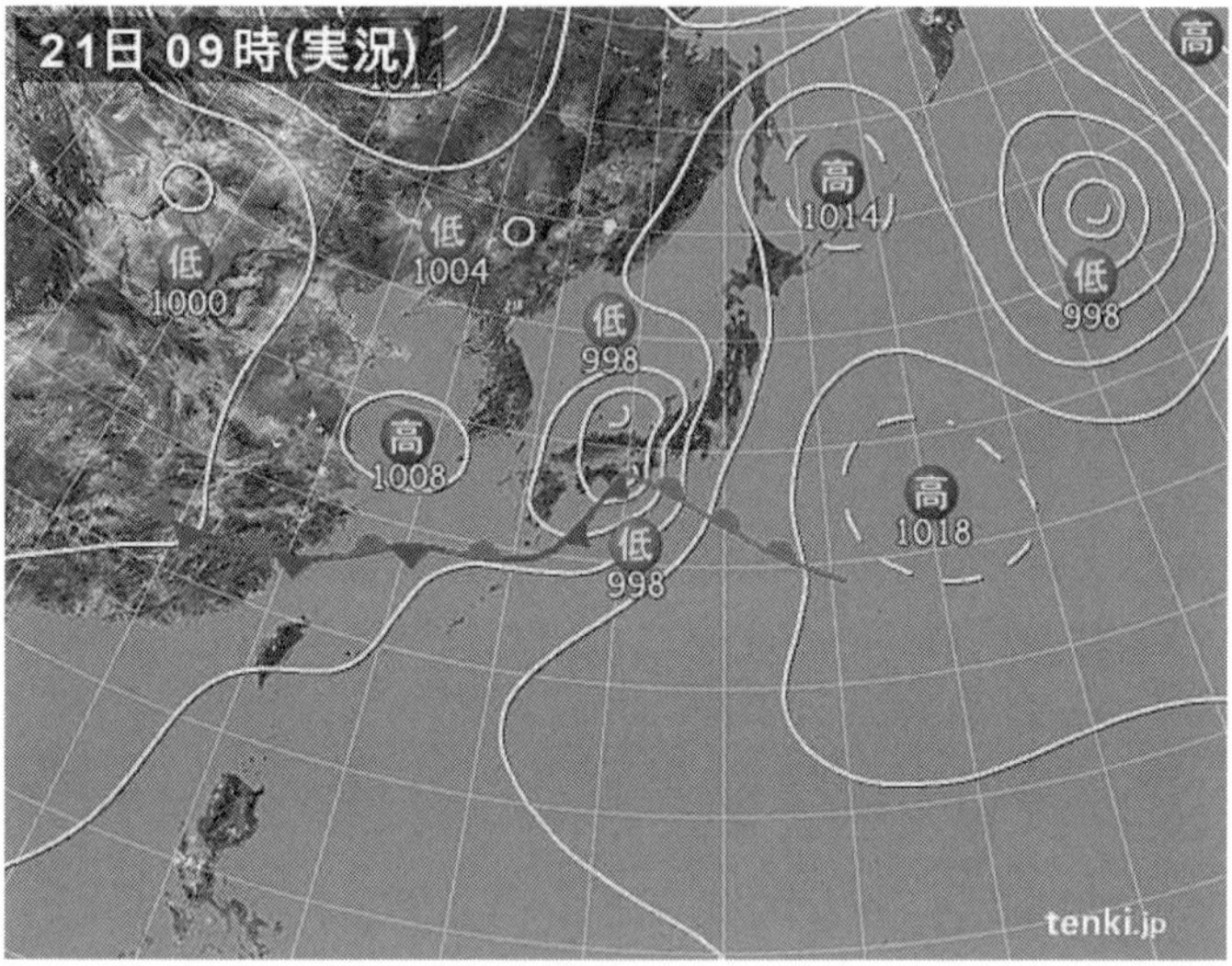

地上天気図

といいます（上図）。気圧が何ヘクトパスカルとかいうのは地上の話です。でも、南岸低気圧を理解したい、あるいは「こんど山に登るんだけど」とか「こんどスキーに行くんだけど、お天気は大丈夫かな」というときには何が必要かというと「高層天気図」です（左頁）。山が荒れるとかそういう話は高層天気図だとよくわかります。地上天気図とともに高層天気図にも注意すべしということです。最近はテレビの天気予報でも、「上空５０００メートルの様子は……」とよく言います。最近はテレビの気象予報士の人たちもこの高層天気図、上空５０００メートルに注意を払うようになりました。上空

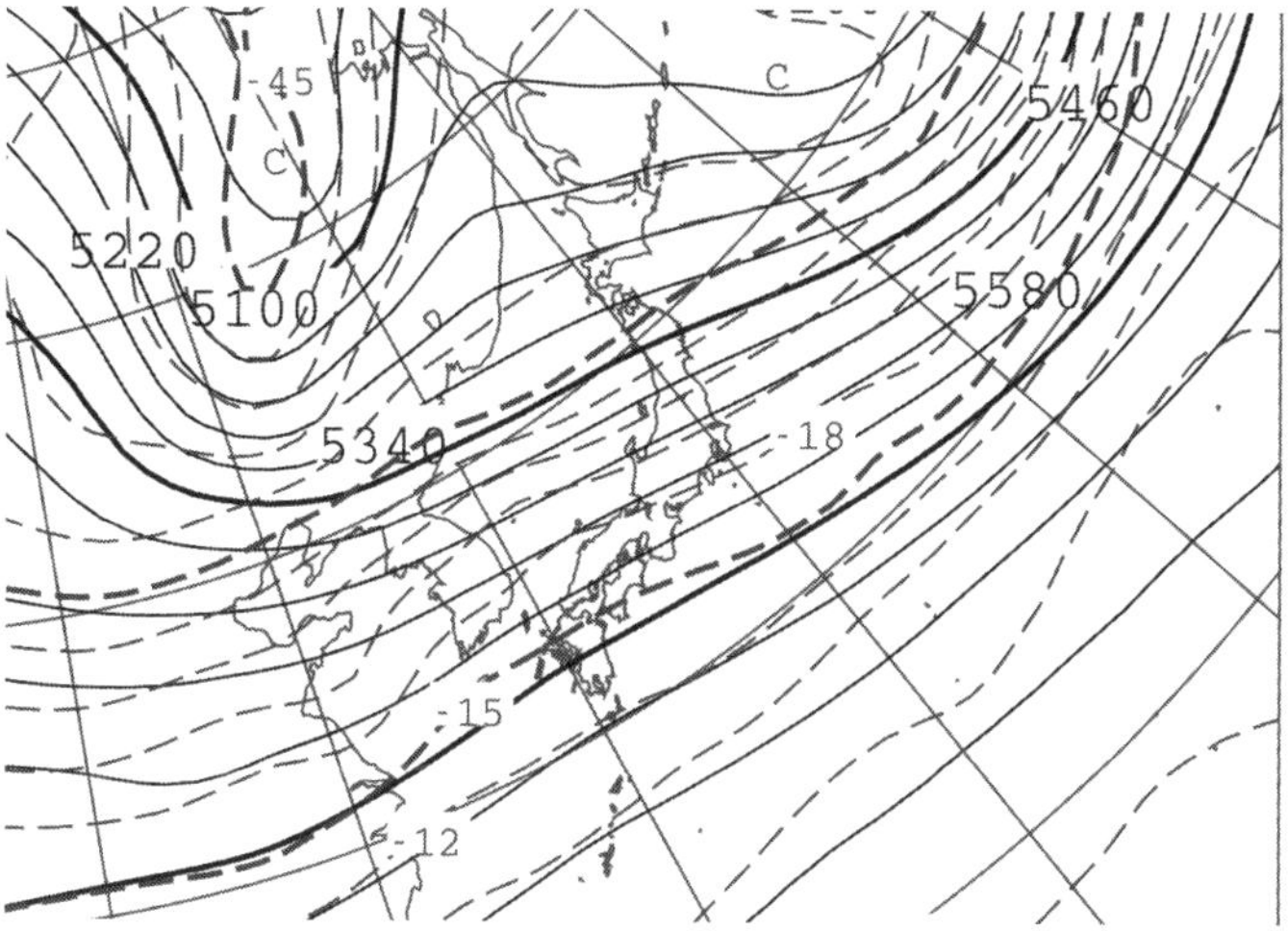

高層天気図　　© 気象庁 2016

５０００メートルに強い寒気が入っているから大雪が降りますとか、天気が荒れますとか言っています。それは何なのかという話をちょっとしようと思います。

上昇気流がおこる仕組み

高層天気図というのはなかなか見方が難しいので、きょうはそのややこしい話はしませんが、ざっくり言って高層とはどのぐらいかという話です。いま「上空５０００メートル」と言いましたが、上空５０００メートルに限った話ではありません。高層天気図の観測は、上空１万メートルぐらいまでやっています。

これは「対流圏」といって飛行機が飛ぶ高さの辺りまでです。飛行機が飛ぶ高さというのは、逆に言うと雲ができる高

気圧	高度	
300hPa	8500 ～ 1 万 m	ジェット気流の解析
500hPa	4900 ～ 5700m	− 36℃以下　大雪
700hPa	2700 ～ 3100m	上昇気流の解析
850hPa	1300 ～ 1600m	− 6℃以下だと雪
1000hPa	地上	

さです。雲のいちばん高いところから上の、雲ができないような高いところは「成層圏《せいそうけん》」といいます。だいたい１万メートル以上です。上に上がるほど気圧が低くなって、空気が薄くなっていきます。

地上の気圧は、だいたい１０００ヘクトパスカルです。細かい話をすれば９９０とか１０１３とかありますが、大雑把に言えば１０００です。この空間が１０００ヘクトパスカルで、それが半分の５００ヘクトパスカルになるのが、だいたい５０００メートルを中心にちょっと幅を持ったところです（上図）。私はいままで高い山に登りましたが、この辺が私の限界です。空気が半分のところが私の限界なので、そこから上はまだ登っていませんが、ここまでは登れました。

８０００メートルになると３００ヘクトパスカル、地上の３分の１です。ここから上は俗に「デスゾーン」といって、人間がこれより高い山に登ると死んでしまう、ここから上は酸素ボンベを背負わないと死んでしまいますよということです。もちろん酸素ボンベを背負わないで、自分の体だけで登っちゃう人もいますよ。日本で言うと竹内洋岳《たけうちひろたか》さんみたいな人もいるけれど、普通はだいたい５００ヘクトパスカル、地上の半分ぐらいのところで自分の体の様子を見ます。

５０００メートルより高いほうの天気図はジェット気流を調べるため、５０００メートルより低いほうの高層天気図は上昇気流を見るためなどいろいろありますが、この上空５０００メートルのところに強い寒気が入ってきて、「マイナス36度C以下だと大雪になります」という大まかな目安になっているのが、この５００ヘクトパスカルの面です。

５００ヘクトパスカルの高度はおおむね４９００メートルから５７００メートルの幅ですよ。なぜビシッと決まらないのか、なぜこんなに幅があるのかというのが大事なのです。普通だったらビシッと決まりそうなものじゃないですか。でも、これは決まらないのです、ビシッとは。

決まらない理由は、５００ヘクトパスカルの面が部分的に高いところもあるし低いところもあるからです。低いところは何かというと、寒気が降りているところです。寒気が降りてくるから、同じ５００ヘクトパスカルでもちょっと下に下がっちゃうのです。

「寒気が降りてくる」、これがポイントです。シベリアのほうから冷たい空気、いわゆる寒気団がやって来る。それはわれわれの目には高気圧に見えます。上から冷たい空気が降

©John Kersthollt. 出典：ウィキメディア・コモンズ

りてくると、地上では圧力が上がる。それが高気圧です。この話をもうちょっとすると、寒気と暖気、暖かい空気と冷たい空気、それを気団といいますが、この2つの空気（暖気団と寒気団）が出合うところを「前線」といいます。

この図（上図）、見るからに不穏な感じですよね。これからひと荒れするなという感じです。前線のところは非常に雲が発達して、これから荒れるなというのがわかります。それはこういうことです。寒気と暖気がぶつかりあう。寒気は冷たい空気なので暖気の下にもぐり込んでくる。暖気は暖かいから寒気の上に上っていく。上りながら雲をつくるのです。

問題は、この上昇気流です。上昇気流の勢いが強いと激しい雲、積乱雲をつくります。お天気は荒れます。上昇気流が緩いと、ただの普通の雲で雨も普通に降ります。この上昇気流が激しいか緩いかで、天気の荒れる・荒れないが決まるのです。

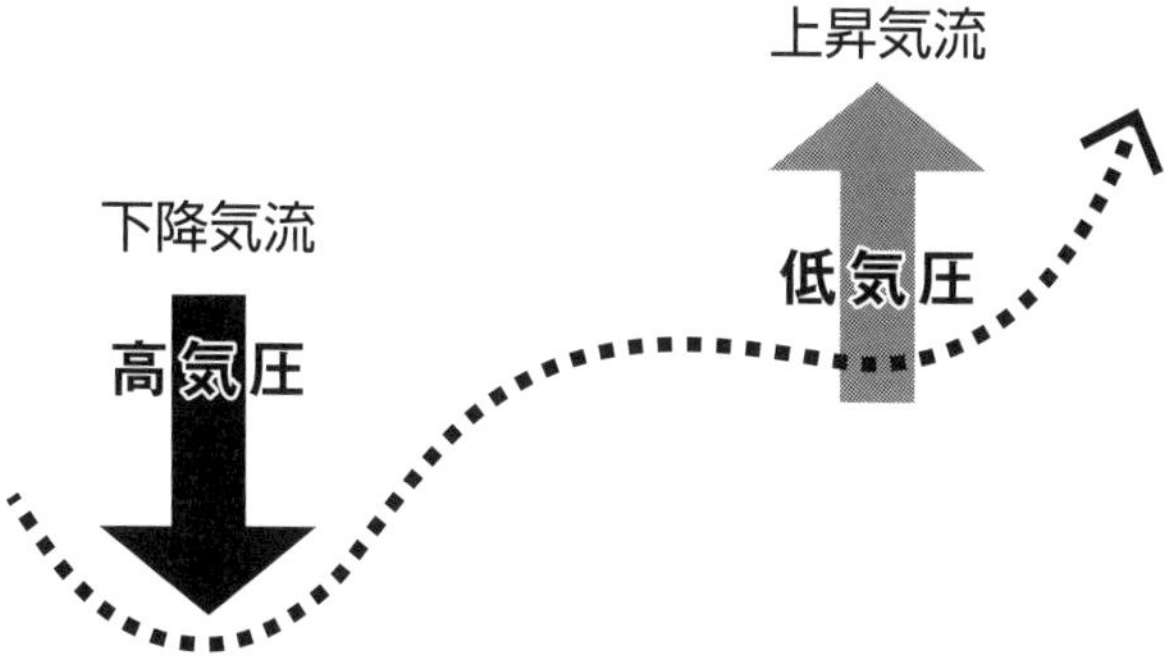

高気圧と低気圧の仕組み

つまり、高気圧というのは下降気流で上から空気が降りてきます。上から空気がギュッと来るから、地上では押される形になって圧力が高まります。それが高気圧です。高気圧というと「高」という字だし、低気圧は「低」という字だから、なんか山があって谷があるというイメージですが、空気の動きは逆です。字から受ける印象とは逆です。低気圧は空気が上昇していきます。

たとえば南の海、赤道のほうでは太陽の熱でガンガンに空気が暖められ、それが激しい上昇気流になったら低気圧になります。熱帯性低気圧、別名「台風」です。激しい上昇気流は、暖められた空気が上がるだけでなく、もう一つ、冷たい空気とぶつかって、その上に乗り上げることによっても発生しちゃいます。上昇気流が激しければ激しいほど、すごい低気圧になります。

スーパーセル

上昇気流ですごいのは、やはり赤道です。太陽の熱でガンガンに空気が暖められてグングン勢いよく上り、その高さは2万メートル近くに達することもあります。飛行機が飛ぶのはだいたい1万メートルくらいですから、そのすごさがわかるでしょう。飛行機の行く手に巨大な入道雲（積乱雲）が立ちはだかり、飛行機は否が応でも迂回せざるを得ません。さもないと積乱雲に入ってしまい、激しい上昇気流の乱流に機体は翻弄され、運が悪いと機体に落雷することもあります。落雷のショックで機体が損傷することもあるので、わざわざ積乱雲の中に入ることはないでしょう。空ですごい上昇気流に出合ったら、迂回するのが賢明なのです。

空だけでなく、地上でもすごい上昇気流は怖いですよ。すごい上昇気流で巨大積乱雲が発生する、これが怖いのです。この巨大積乱雲がさらに発達するとどうなるかというと、それは「スーパーセル」（**口絵1**）になります。聞き覚えがあるかもしれませんが、巨大積乱雲がさらに大きくなって、台風みたいに渦を巻き始めるのです。そうするとスーパーセルになる。これが怖いのです。これはアメリカで発生するものがよく知られていますが、日本でも発生しています。

近い例で言うと、２０１２年に茨城県の筑波でありました。それから２０１３年には埼玉県でありましたし、そのわずか2日後には栃木県でありました。この茨城と埼玉と栃木は竜巻の名所です。なぜかというと、関東平野はデカい平野だから巨大な上昇気流が発生してスーパーセルができやすいのです。これが関東平野の特徴です。関東平野の海側よりも、内陸部のほうが出来やすいです。

巨大積乱雲はたいてい落雷を伴いますから、茨城・埼玉・栃木は雷の名所でもあります。雷の名所は同時に竜巻の名所でもあるということです。もともとそうだったので、これからもこういった竜巻現象は関東平野ではよく起きるだろうと思います。いま言った土地以外でも起きますよ。ちょっと前には神奈川県の海老名市で発生しましたから、どこで起きるかわからない、ということに注意してください。

竜巻にともなってダウンバーストというすごい下降気流も起きます。上から下に向かってすごい風が吹いてくる。これは飛行機をも落としかねません。ということもあるので、すごい上昇気流とともに、すごい下降気流にも気をつけなければなりません。

すごい上昇気流がどうやって発生するかというと、すごい暖気とすごい寒気がぶつかると起きます。たとえば春先を例にとると、上空には冷たい空気（寒気）が残っています。そこに南から暖かい空気（暖気）が来ると、暖気と寒気との温度差が大きいから、急にすごい上昇気流が発生する。これが春の嵐、メイストームです。ゴールデンウィークのころにも、もしシベリアのほうからすごい寒気団が来たら天気はもちろん荒れるでしょう。ゴールデンウィークに海や山に行かれる方は、上空５０００メートルの様子を見てほしいです。

そこにもし冷たい空気が入っていたら、すごい上昇気流が起き、天気が荒れますよということなので注意してください。

詳しいメカニズムは省きますが、北極が温暖化すると低気圧（すなわち上昇気流）が発生しやすくなり、上昇した北極の寒気が日本の上空まで来やすくなっています。ということは、日本の上空には冷たい空気が入ってきやすい一方、日本の地上は暖まっているので温度差がすごいことになるわけです。

地球寒冷化

こんどは地球温暖化の次に来るであろう「地球寒冷化」です。私が本当に心配しているのはむしろこっちです。ちょっと理屈っぽい話をしますが、難しい理屈はあまり気にしないで聞いてください。

まずほんの40年ほど前の１９７０年代、世界の人々は寒冷化に怯えていました。アメリカの『ＴＩＭＥ』という雑誌があるのですが、１９７７年と２００６年では表紙の見出しが全然違います。40年前は、地球が寒冷化して氷漬けになっちゃうと心配していたのです。でも、いまはシロクマが死んじゃうと心配している。たった30年、いわゆるワン・ジェネレーションで話がまったく変わりました。

１９７０年代、私は十代でした。十代のとき私は本当に地球が冷えて氷で覆われちゃうのだと思っていました。その頃の日本は、ひとつは氷河期が来て寒くなってお米が穫れなくなるとビビっていたのと、もうひとつはノストラダムスの大予言です。あの頃はこの２つでビビっていました。いまとは全然話が違いますよね。

２０１２年のあるレポートには、なんとこの１０００年間で平均気温が０・３度下がりましたとあります。一方、世間ではこの40年くらいの温暖化がよく言われています。この40年間で平均気温が零点《れい》何度上がったと言うのですが、１０００年の規模で見ると、０・３度下がっているのです。

この下がり傾向はしばらく続くのか、人間が二酸化炭素を出しているせいでこのあと上がっていくのかわかりませんが、これが過去１０００年の全体的な流れです。人間がこれから二酸化炭素を出すのをやめよう、温暖化をストップさせようと言ったら、温度はどんどん下がります。そして地球が氷に覆われます、というのを私は心配しているのです。

戦国時代は「小氷期」

過去１０００年から２０００年ぐらいの話をすると、たとえば西暦９５０年から１２５０年、日本でいうと平安時代から鎌倉時代の初めですが、あの頃は「中世温暖期」といって、世界中で気温がちょっと高くなりました。この中世温暖期、ヨーロッパなどでは人口がドーンと増えました。

この時期は暖かくていい時代だったのですが、そのあとの300年間、1550年から1850年、日本でいうと戦国時代から江戸時代のころは「小氷期」、英語では「Little Ice Age」というものがありまして、気温が下がりました。

どのぐらい下がったかというと、たとえばこれはブリューゲル、といってもお父さんのほうのパパ・ブリューゲルが描いた『雪中の狩人』という絵です。中学校の美術の教科書に出てくるので、見たことがある人もいると思いますが、こういう絵が描かれちゃうほど寒かったのです。でも「これは普通なんじゃないの、普通でも雪は降るでしょう」と思うかもしれませんが、当時それなりに異常な雪景色だったようです。

『雪中の狩人』（1565）

あるいはヘンドリック・アーフェルカンプの『氷上の遊び』。川が凍っちゃって凍った川の上で人々が遊んでいる絵です。川が凍るのもそんなに珍しくないでしょうって、実はこれはこれで異常なのです。川が凍って遊ぶ絵はほかにもあります。イギリスのロンドンのテムズ川はいまは凍りつきはしませんけれど、昔はよく凍っていました。

テムズ川が凍っちゃうと人々は遊ぶんですね。これはフロスト・フェアというお祭りです。「川が凍ったぞ、お祭りをやろう」と。特にこの絵が描かれたのは１６８３年から年を越した翌年の冬、『The Great Frost（大結氷）』という名前で知られている、テムズ川がいちばん分厚く凍ったときの絵です。

こういったフロスト・フェアというものはけっこうあって、15世紀には2回ありました。16世紀には5回ありました。17世紀には10回あった。18世紀は6回、19世紀はたった1回、20世紀はゼロ、そして21世紀もまだゼロです。というふうに、このフロスト・フェアの回数を見るだけで、地球が寒くなったり暖かくなったりすることがよくわかります。昔は寒

『氷上の遊び』（1610）
ヘンドリック・アーフェルカンプ

『The Great Frost（大結氷）』（1683-1684）
トーマス・ワイク

ＮＹセントラルパークの巨石（迷子石）　©stevenallan

かったんですよ、いまからわずか３００年前は寒かったんですというのがよくわかります。それが今後また来るかもしれない、というのが私の恐怖です。

セントラルパークの「迷子石」

このぐらいの寒冷化だったら文明は滅びないし、人間も絶滅はしません。これくらいだったらいいのですが、もっと怖い話はいっぱいあります。

ニューヨークのセントラルパーク。行ったことがある人もいるでしょうし、行ったことはないけれど名前ぐらいは知っているという人もいるでしょう。人気の観光スポットです。

このセントラルパークを歩いていると、しばしば巨大な岩に出合います（上図）。巨石は「迷子石」といわれています。簡単に言うと、昔はここに氷河があったのです。氷河がだんだん延びながら、広がりながらデカい岩を運んでくる。それで後に氷河が小さくなって元に戻るときに、石だけ置いていっちゃったのです。だから、この石はいったいどこから来たのかわからない。わからないから「迷子石」というのですが、この迷子石がセントラルパークにはいっぱいあります。

ということは、明らかにここはかつて氷河の下にありました、ここは氷に覆われていましたという証拠です。その氷河はどのぐらいの範囲だったかというと、北アメリカの半分ぐらいが氷河に覆われました。ニューヨークも氷の下です。

その時代はいまから11万年前から1万2000年前までとされています。わずか1万2000年前まで氷河があったんです。みなさんにとって1万年前というのはすごい昔かもしれませんが、私にとってはつい昨日のようなものです。世界史の教科書で文明の始まり、エジプト文明とかメソポタミア文明が5000〜6000年前だとすると、そのわずか2倍です。たった2倍前には氷河があったのです。

氷河が広がった時期、いわゆる「氷期」のうち、いちばん最近（最後）の氷期は11万年前から1万年前で、ひとつの氷期はだいたい10万年続きます。ということを考えると、つい最近までニューヨークは氷漬けでした。アメリカ人はこのことをよく知っているので、本気で彼らはビビっています。こんなことがまた起きたらどうするんだと。

氷河がいったん広がり始めたら、人間が持っているすべての核兵器を撃ち込んでも止まりません。氷河には誰も敵《かな》わないのです。氷河が来るときは、氷の塊がブルドーザーのようにガガガガッと来る。それで氷河が後退したら、そのあとはツルツルのきれいな岩盤です。私はそれを南極で見ているのでわかります。氷河は本当に怖いです。アメリカ人はそれをよく知っていて、こんなことがまた起きたらヤバいと思っているので、アメリカ人の中には地球温暖化の対策にあまり真面目じゃない人もいます。なぜアメリカは京都議定書に加盟しなかったのか。その理由のひとつがここにあります。

ヨーロッパ側では主要な部分、ドイツ、フランス、イギリスがだいたい氷に覆われていました。こうなったらどうするんだという話が欧米人の中にもあるのです。日本ではこういう議論がないから「ストップ温暖化」と言っているけれど、欧米人には「ストップするなよ、どんどん温暖化しちゃえよ」という意見もあるということを一応言っておきます。

本当にこうなったら西洋文明は崩壊しますね。一方、サハラはいま砂漠ですが、温暖化にせよ寒冷化にせよ気候変動でサハラ砂漠に雨が降って、グリーンサハラになるでしょう。グリーンサハラになったらすごいですよ。サハラ砂漠周辺の国の勢いが増すでしょうね。

地球は凍っている状態が普通

これは地球全体の寒暖の歴史です（左頁）。地球は45億年前に生まれましたが、45億年前からいまに至るまでをずっと見ると、斜線の部分が寒かった時代です。特に２つ大きな

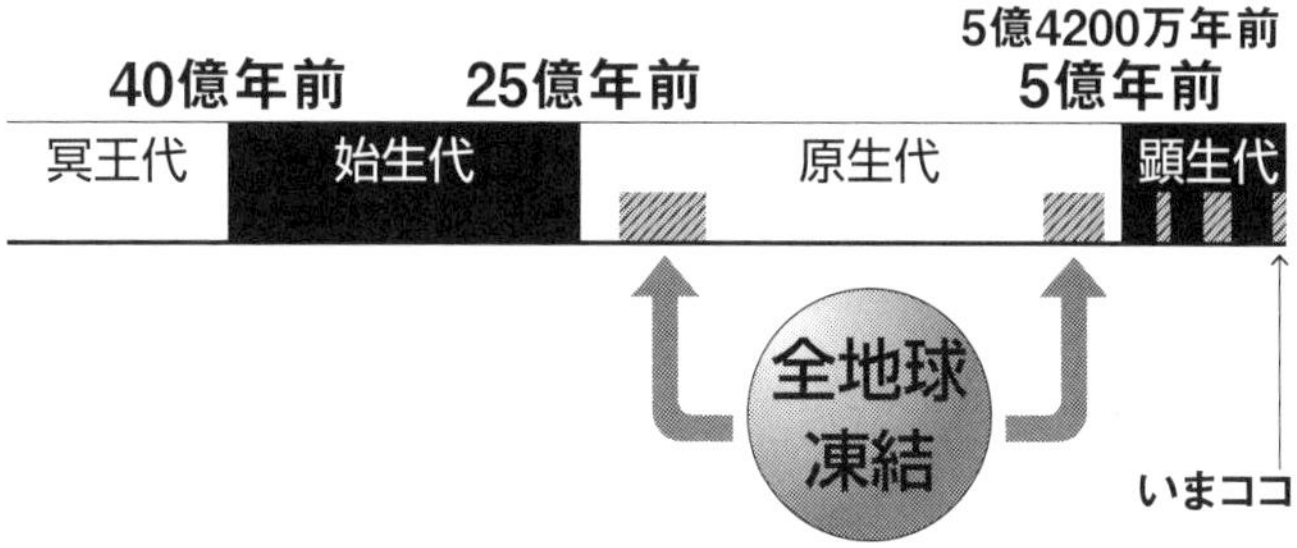

斜線部分がありますが、これは「全地球凍結」。つまり地球全体が氷に覆われた時期です。赤道の熱帯のほうの海も凍りました。地球が全部凍ったのです。それが過去に最低2回、たぶん3回、いやもっとかもしれません。

なぜ凍った地球が〝解凍〟したのか、その理由はわかりませんが、地球という惑星は凍っている状態が普通のはずなのです。なので凍る理由はよくわかるけれど、解凍した理由はよくわかりません。でも、とりあえず解凍しました。

そして最近でも3回ほど寒い時代がありまして、実はいまこの瞬間も寒い時代に入っています。地球の歴史を見ると、いまは寒い時代です。

南極氷床に記録された気候変動史によると、地球には氷河が拡大する時代と氷河が縮小する時代とがあります。氷河が広がる「氷期」が約10万年続いて、氷河が小さくなる「間氷期」が約1万年です。10万年・1万年、10万年・1万年、これを覚えておいてください。氷期10万年、間氷期1万年の繰り返しです。

私はいま大雑把に言いましたが、それでもだいたい合っています。南極の氷というのは雪が降り積もってできたものです。南極はいまから３０００万年前から寒冷化している大陸ですが、氷そのものにそんなに古いものはありません。せいぜい80万年前に降った雪が氷のいちばん下です。いちばん上にあるのはついこの間降った雪です。その間に80万年分の記録が残っているわけです。

雪ってだいたい7割が氷で3割が空気です。その空気はギュッと圧縮されて氷に入っています。だから南極の氷をオンザロックにすると、氷が融けながら中の圧縮された空気がパチンと弾けるので、すごくいい音がするんだけれど、専門家から言うと、「ああ、もったいない。この空気をちょうだい。この空気をもらえたら私、分析するから」となります。その空気を分析すると、80万年前の気温がわかるのです。80万年前の二酸化炭素（CO_2）の濃度もわかります。過去80万年前までの記録が全部あります。そうすると、気温の上がり下がりが見える。そうやって、冷たい氷期が10万年、そうでない間氷期が１万年の繰り返しだということがわかってきたのです。そしていま私たちは間氷期にいる、ということです。

スーパーコンピューターでシミュレーションした「計算上の過去の温度変動」と南極の氷に記録された実際の過去の温度変動はほぼ一致しています。じゃあコンピューターが予想する未来もたぶん合っているんだろうねと。過去が見事に合っているので、未来予測もたぶん合っているんだろうと思われます。

そうすると、これから寒い時代が来るという予測になるのです。では、本当にそうなったらどうするのか。もしそうなったら、ヨーロッパは、スカンジナビア半島、イギリス、ドイツ、アルプスが氷で全部埋まります。アメリカも北米のニューヨーク辺りまで全部埋まり、カナダも埋まります。こういう予測があるので、本気でみんなが心配しているということです。

これに関連する話で、実は「巨大噴火」というものがあります。火山の噴火によってさらなる寒冷化がやってくる。火山の噴火は簡単には予想できません。温暖化や寒冷化の話はコンピューター・シミュレーションによって未来が予測できるのですが、火山の噴火はわからないので、火山が一発噴いたらわれわれの文明は終わるかもしれませんよ、という話を後半いたします。

イエローストーン大噴火で文明崩壊？

火山灰で埋まったローマ帝国・ポンペイ

では、後半に入ります。火山の話は、みなさんも身近な気持ちで聞けるかと思います。火山で文明が滅んだというと、ローマのポンペイの話が有名です。ローマ帝国にポンペイという都市があって、これは時の皇帝が、それまでのローマの都市はショボかったので、いかにもローマ帝国っぽいカッコイイ立派な町をつくろうということでつくったのです。人工的につくって、ここはローマの中でもすごい町だということで賑わっていたところに、ベスビオ山が噴いて、火山灰に埋まっちゃいましたという話です。

これは、みなさんも知っていると思います。西暦79年、ほんの2000年足らず前の話です。場所的にはイタリアのナポリのそばで、この黒っぽくなっているところが灰が降った場所です（左頁）。この灰が降ったところにポンペイがあって、灰に埋まってしまったということです。

火山灰は、厚く積もると火山灰が持っている熱がこもってしまい、その熱によって火山

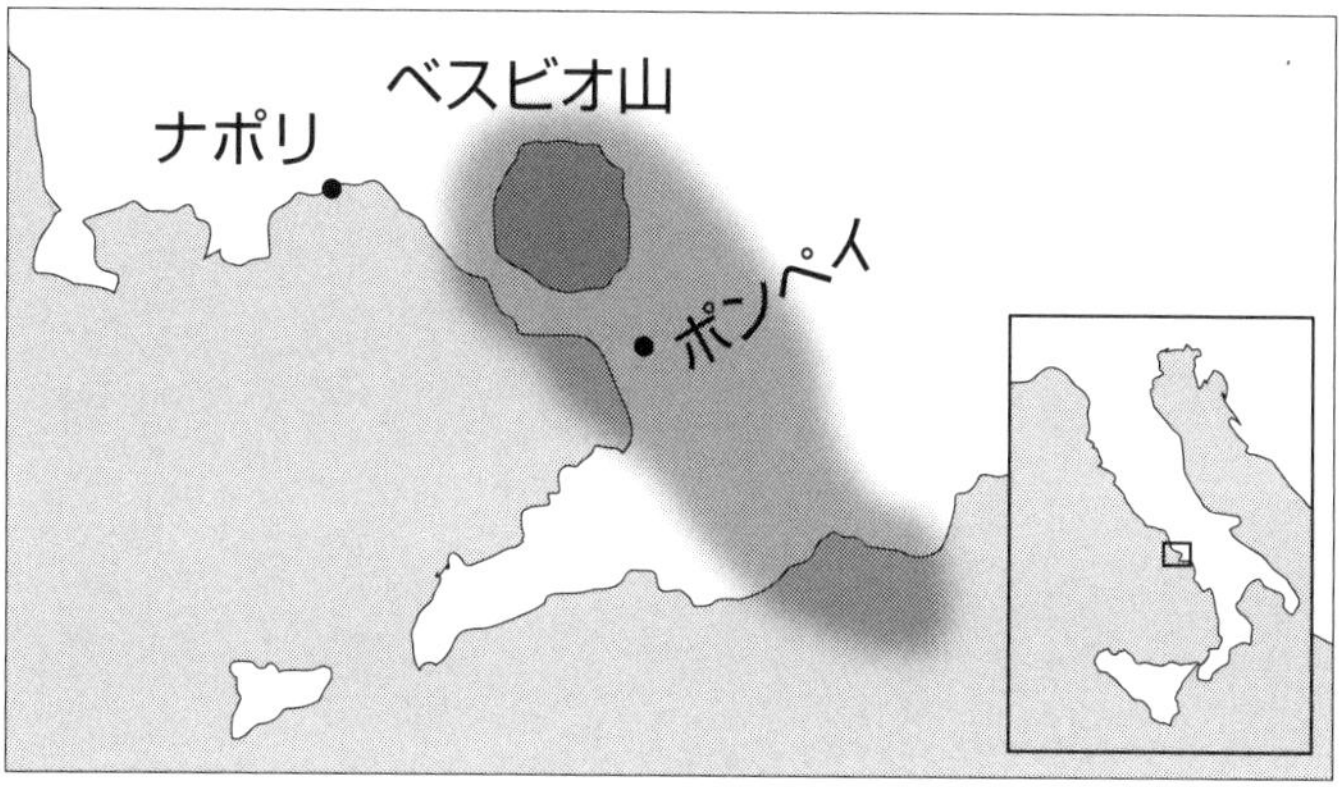

ベスビオ山噴火

灰がいったん融けて再び固まると、そのときはもうガラスです。そういうふうに火山灰は降ったあとも怖いのです。

ただ、これはポンペイという一つの町の話でしたが、これがもっと大規模に起きやしないかというのが私の不安です。過去の歴史を見ると、必ずしもその可能性はゼロとは言えません。

これはまああ近い話なので何となく覚えている人もいるかもしれません。１９８０年、アメリカのセントヘレンズというけっこう有名な山が噴きました。これが噴いてどうなったかというと、こうです（**口絵３・４**）。元の山頂の部分が消えてしまいました。このときに発生した火山灰とか火砕流、山の斜面をダーッと流れ落ちる岩の流れ、ここは人が住んでいないので死者はいませんでしたが、そういう激しいことがありました。

ただ、火山は、人が周りに住んでいない火山ならいい、死者が出なければいいんだという話ではないのです。非常にヤバい問題があることをお伝えします。

1816年「夏のない年」

それは「火山の冬」といって、デカい噴火があると、噴煙が上空1万メートル、つまり10キロ以上にも上昇し、成層圏《せいそうけん》に入ることがあります。成層圏に火山灰が入っちゃうと、何年もそこに留まります。というか地球全体を覆います。地球全体を覆ってそこに何年も留まるのです。火山灰、つまり細かなチリがここまで来ると、太陽の光を遮断しちゃいますから、地面のほうから見ると、いつも曇っているな、太陽の光が弱くて暗いなという状況になってくるのです。

そうすると、光が弱いから植物はよく育ちません。同時に気温も下がります。地球の気温を支えているのは太陽の光なので、光が入ってこないと地球の気温が下がります。このように火山灰が成層圏に入ったせいで起きる寒冷化を「火山の冬」といいます。英語だとボルカニック・ウインター（Volcanic Winter）。火山が噴火するだけで、地球全体が冷えてしまう現象です。

そんなことがかつてあったのかというと、あったのです、何回も。この200年の間にフィリピンのピナツボとか、さっき言ったアメリカのセントヘレンズ、ニュージーランド

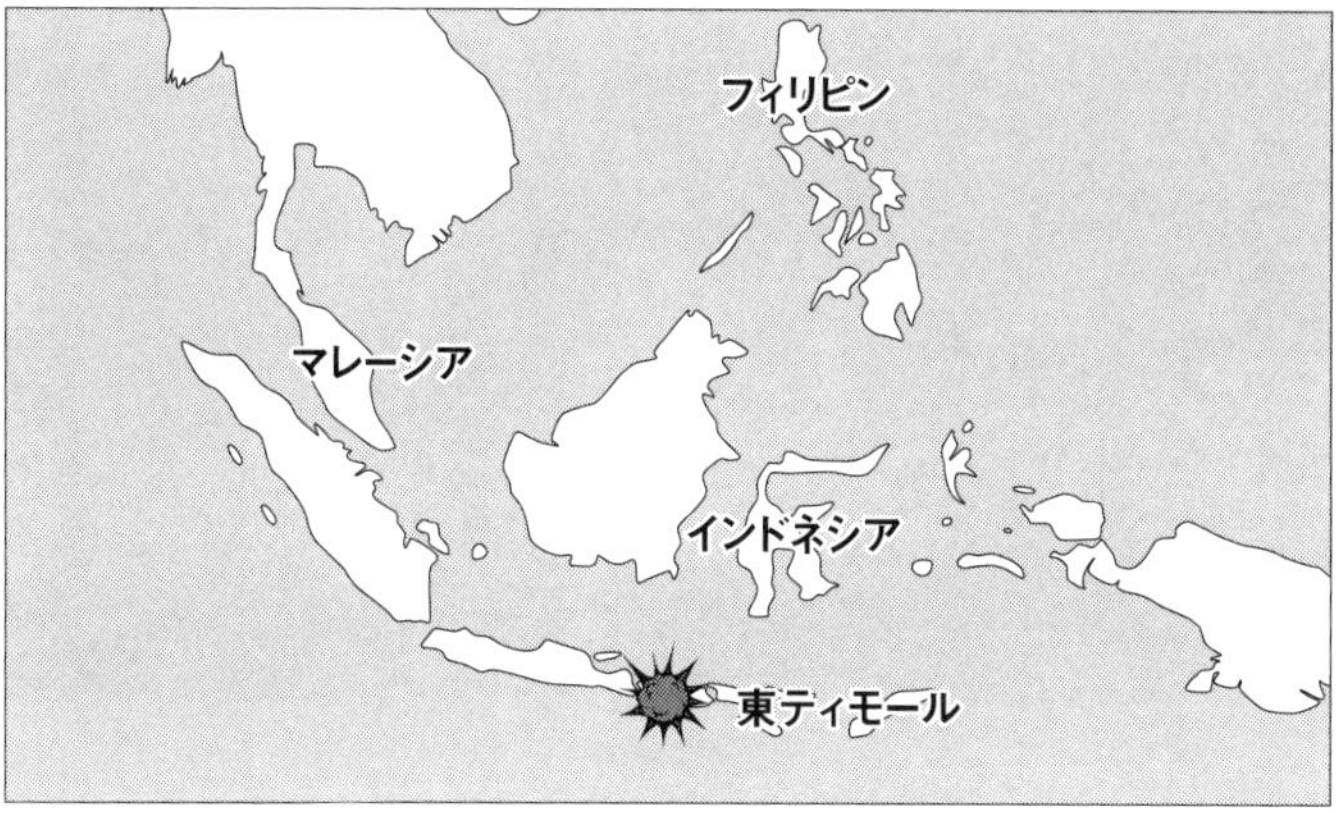

タンボラ山噴火

のタラウェラ、インドネシアのクラカタウといろいろありました。その中でとくにデカかったのは、１８１５年にあったタンボラという火山で、これがすごかった。これは人間の歴史に残るいちばん大きな噴火でした。巨大噴火はほかにもいろいろありましたが、それについてはまたあとで言いましょう。史上最大のタンボラ火山の噴火、それがほんの２００年前にあったのです。

これは東南アジアの地図です（上図）。タンボラ山はインドネシアのスンバワ島というところにあります。ここにばかデカい穴、すなわち火山のクレーターが開いてます（次頁）。宇宙からでもくっきりと見えます。すごいクレーターです。これがいまから２００年ちょっと前に噴いて、大変なことになったのです。

何が大変かというと、翌年１８１６年は「夏

タンボラ火山のクレーター

のない年」といわれます。英語では「The Year Without a Summer」です。「夏のない年」で検索すれば、ウィキペディアで出ます。日本人はほとんどこれを知りませんが、欧米ではよく知られています。

これは欧米では本気でヤバかったのです。つまり、寒いから作物が稔れません。だから、あちこちで飢《き》饉《きん》が発生したのです。ヨーロッパのドイツだ、フランスだ、イギリスだ、スペインだというところで。フランスの真ん中辺りで平年より夏の気温が3度下がりました。

東京の夏の気温が、30度から27度になったら、気持ちがいいな、過ごしやすくていいなと思うでしょうけど、農業をやっている人は大変です。温度が3度下がったら、もう作物は稔れませんもの。この年は、いわゆる西ヨーロッパの全土にわたって冷夏、冷たい夏です。これは平均ですから、場所によってはもっと寒いし、タイミングによってはさらに寒いこともありました。

　この The Year Without a Summer というのが１８１６年の西洋における、つまりヨーロッパと北アメリカ（カナダとＵＳＡ）におけるいちばん最近の生存危機「The Last Great Subsistence Crisis in The Western World」でした。「最近」とは英語で last のことですが、それを「最後の」と言わないのは、これで終わりではないからです。この「ラスト」はあくまでも「最近の」という意味です。

　それからサブシステンス・クライシス（Subsistence Crisis）、これはほとんどの日本人は使いませんが、英語を話す人間たちの間ではよく使われています。Subsistence Crisis、生存危機です。

　つまりヨーロッパとアメリカ、カナダにおいては生存が脅かされました。これはマジでヤバいです。このことがわずか２００年ちょっと前にあったのです、タンボラ火山のせいで。日本でもそれに関係した飢饉がちょっとあったらしいのですが、それが直接の原因かと言われたらわからないので、ここでは言いません。日本でも本当は何かあったのかもしれませんが、ちょっと因果関係がわからないので、ここでは西洋におけるいちばん最近の生存危機だけに留めましょう。

タラウェラ噴火でヨーロッパに大飢饉

いまのは200年ちょっと前の話ですが、さらにその500年前、合計すると700年ちょっと前にもヤバいのがあったのです。1315年、ニュージーランドのタラウェラ火山が噴火して2年間ぐらいヨーロッパでは大飢饉になっています。英語で「グレイト・ファーミン(Great Famine)」「大飢饉」といえばこれを指します。ヨーロッパでも飢饉はいっぱいありました。英語で言うFamineはいっぱいあったけれど、Great Famineというのは1回しかありません。

これはタラウェラ火山のせいだと言われています。タラウェラ火山が噴火したあと、火山の冬が来て、それは単に冷夏、冷たい夏であるのみならず、超大雨が降りました。何日も何日も、それこそ最近の気象庁が言っている「これまでに経験したことがないような大雨」が何日も降るわけです、ずっと。そのことを当時の人は「死の雨(Death Rain)」と呼んだのです。

こんなふうに、200年ちょっと前と、700年ちょっと前に、噴火がもたらした火山の冬、その結果としての飢饉、さらには生存危機があったんです。それがいつまた起きないという保証はどこにもないのです。

いまから約300年前、江戸時代に富士山の大噴火がありました。宝永大噴火のことですが、これはせいぜいこんな規模でした(左頁)。これが噴出物の量です。流れ出たマグ

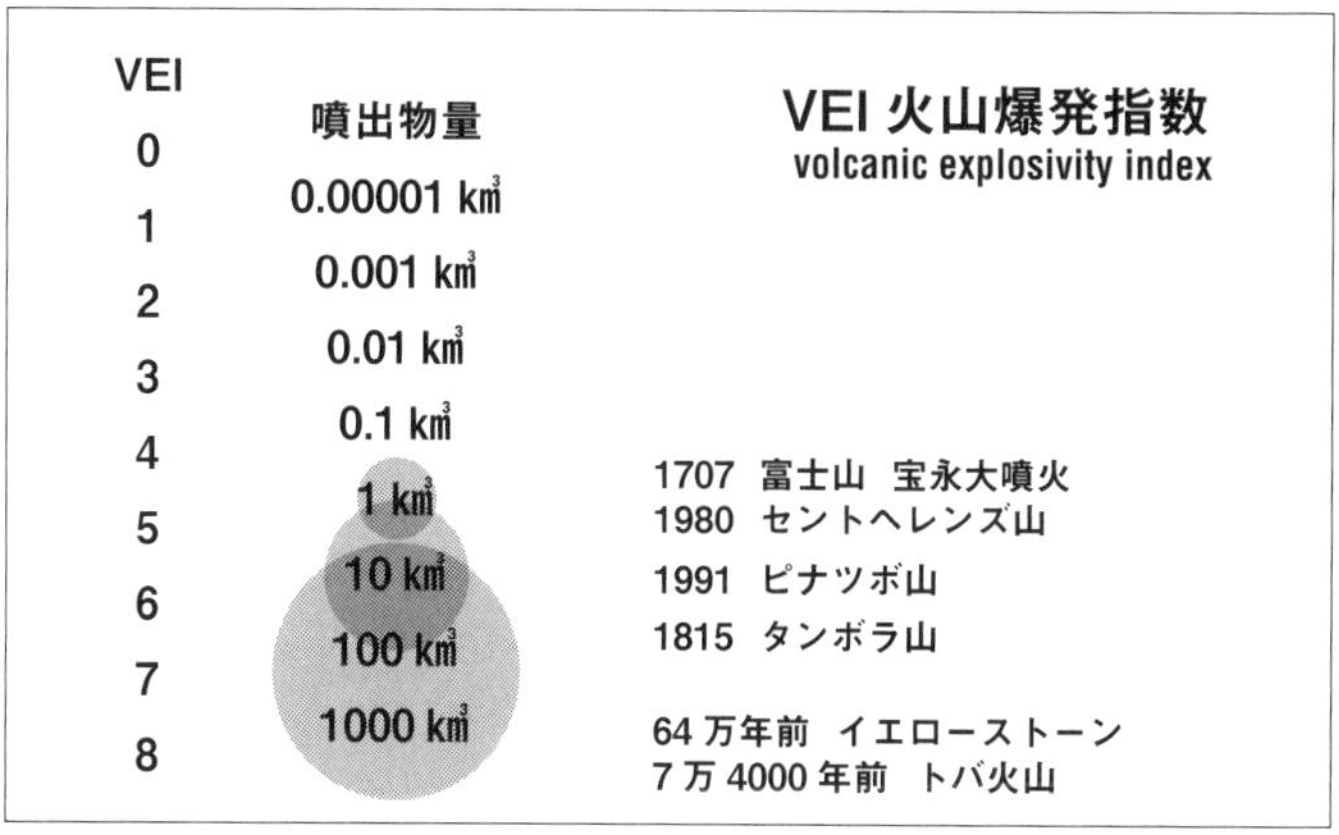

マとか火山灰の量を円の大きさで表しています。富士山の噴火の規模はこんなもので、さっきのアメリカのセントヘレンズでもこんなもの、フィリピンのピナツボもこんなものです。さっき言った人間の歴史における史上最強のものは２００年ちょっと前のタンボラ火山ですが、タンボラですらせいぜいこのぐらいです。

一方、もっと昔のアメリカのイエローストーンとかトバ火山の噴火の量はこれです。こんなものが噴火したらどうなりますか。イエローストーンは64万年前、かなり昔の話ですが、トバ火山の７万４０００年前って地質学的にはそんなに遠くないんですよ。たとえば、私たち人間という生物種が登場したのは20万年前です〔※２０１７年６月に「30万年前の人間の化石」に関する論文が出た〕。そうするとトバ火山にわれわれの先祖は出合っているのです。われわれの先祖はこのトバ火山のすごい噴火で何の影響も受けなかったのか。私たちがいまここにいるんだから絶滅しなかったことは確かですが、じゃあ実際にはどうだったの、という話をこれからします。

トバ火山の噴火で気温が20度以上低下

正直言って、かなりヤバかったはずです。トバ火山もやはりインドネシアにあります。マレーシアの横にトバ火山というのがあって、いまではトバ湖という名前の湖になっていますが、その湖がそのまま火山の火口です（54頁）。ものすごくデカい火口でしょう。これが全部火口です。すごいです。

これは噴出物量を比べた表です（**口絵2**）。さっきの２００年前のタンボラはこんなものです。２００年前のタンボラは、翌年にヨーロッパに「夏のない年」をもたらしました。それでもこんなものです。

トバ火山はこれくらいです。ちなみに富士山はこれに入ってきません。それくらい、すごいことがあったのですよ、７万４０００年前に。これが地球環境にどれだけ影響を及ぼしたのかということです。

トバ火山の噴火ですが、この薄い灰色の部分は火山灰が降った地域です（55頁）。控えめにみてここまで火山灰が降ったのです。ということは、上のほうは、成層圏のはるか高くまで上っていって、それが地球全体を覆って太陽の光を遮断し、火山の冬を発生させた

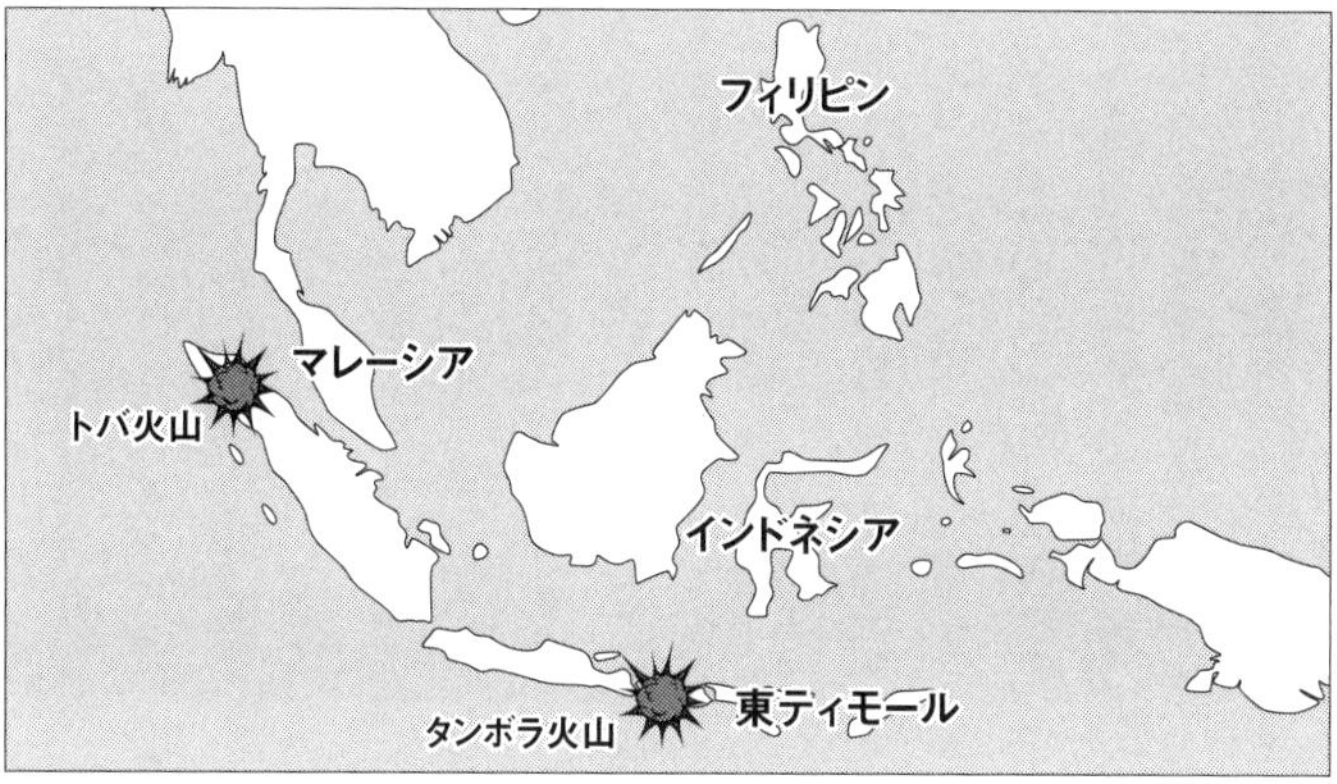

わけです。噴出物量はだいたいわかっていますから、どれぐらいの量のものが上に上がって、地球をどのぐらい覆ったかというのはわかっているので、コンピューターで計算した人がいます。

そのコンピューター・シミュレーションの結論は、「超火山の冬」があったと。アフリカ、オーストラリアあたりは前年比24度の低下です。気温がたった1年で20度以上も下がったのです。たとえばアフリカの真ん中あたり、サハラ砂漠だとします。いまサハラ砂漠の気温が30度とすると、30度が20度下がれば夏で10度、これはもう冬ですよ。ということが全地球的に起きたのです。

これが、当時アフリカにいたわれわれの祖先にどういう影響を及ぼしたか。怖いですよね。われわれの祖先は、20万年前あるいは30万年以上前にアフリカに生まれて、大部分はまだアフリカに住んでいました。そして火山の冬に出合いました。寒くなりま

トバ湖

した。その結果、何があったでしょうか。

一つには、これがきっかけでわれわれの祖先は服を着るようになりました、寒くなったので。何でわかるかというと、われわれについているシラミには、頭髪ジラミと衣服につくコロモジラミの2種類あるのですが、これはもともと一つだったのです。でも、後に分かれました。それは遺伝子を見るとわかるのですが、この分岐がまさに7万年前なのです。

たぶんトバ火山のせいで寒くなって、われわれの祖先は服を着るようになったのです。だから生き延びたわけです。実は、人類種は人間のほかにも種類がいっぱいいたのですが、たぶん、ほかの人類種は服を着なかったから死んだものもいたでしょう。われわれの祖先は服を着たから生き延びたのです。頭がいいのです。そこです、ポイントは。われわれは頭がいいのです。

人類は、われわれヒト以外にもいっぱいいまし

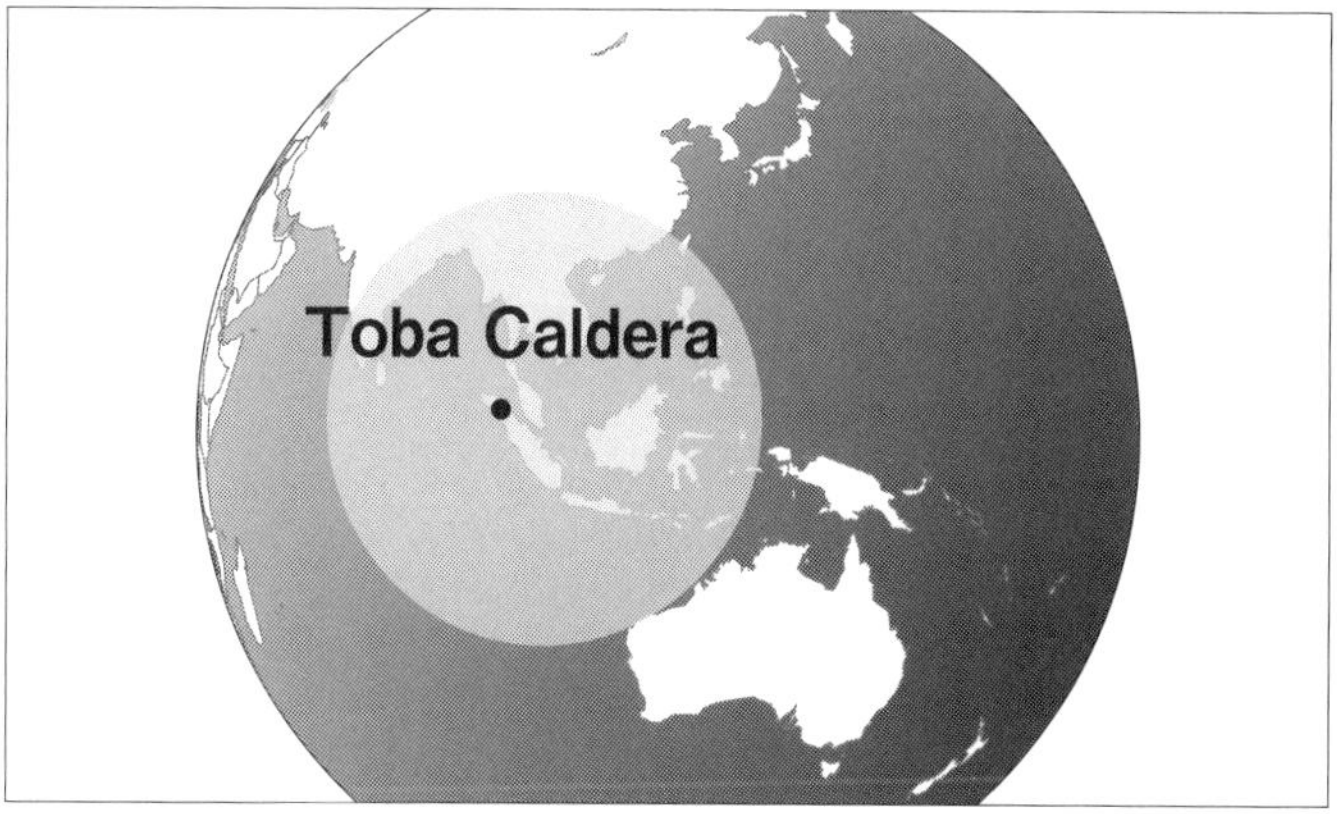

トバ火山の火山灰降灰地域

た。いまはわれわれしかいません。でも、昔は私たち以外にもいっぱいいたのです。たとえばネアンデルタール人とか。ネアンデルタールはあの噴火のあとまで生きていました。たぶん彼らも服を着たことによって寒さをしのいだのでしょう。われわれの祖先も服を着ることによって、何とか寒さをしのいで生き延びてくれたからこそ、いまわれわれがいるのです。

でも問題は、私たちの遺伝子をよく調べるといろんなことがわかりますが、その一つは、７万年前の人口は全地球でたった１万人まで激減したということです。つまり、いくら服を着たところでやはり寒くて食べ物がないからバタバタ死んだのでしょう。死んで、全人口が１万人にまで縮小しました。実は、ほ乳類一つの種を維持するのに最低限必要な個体の数は１万だそうです。１万個体を切ると、その種は絶滅するそうです。ということは、われわれはギリギリだったんですかと。そうなんです、ギリギリでした。本当にわれわれは絶滅の一歩手前だったのです。

これがなぜわかるかというと、いま地球上に人間は75億人います。75億人もいると、さすがに遺伝子のバリエーションは大きいだろうと考えます。黒人とか白人とか、いろんな人がいます。だから遺伝子のバリエーションはすごく大きいんだろうなと思われるでしょうが、じつは驚くほど遺伝子は均一なのです。

これを説明する考え方の一つはこうです。かつてわれわれヒト種は1万人にまで減った。この1万人からいまの75億人まで、バリエーションが生じる間もなく、急に広がった。かつて1万人に減った理由はというと、トバ火山ではないか、という推論があるのです。

ちなみに、そのとき残った幸運な1万人が頑張ってくれました。この1万人が、服を着るなり、いろんなものを発明するなりして、いまに至るということは、われわれの祖先、ここで生き延びた1万人は頭がよかったんですよ。頭のいい幸運な1万人が生き延びた。そして、それがいま75億人になっているのです。

ということは、われわれはみんな頭のいい遺伝子を持っているのです。これが、ヒト属のほかの種は全部死んだのに、われわれのみが生き延びている理由だと思います。ほかの人類種はみんな適応度が低かったか不運だったのです。

ネアンデルタール人はどうだったでしょう。彼らもかなり頭はよかったけれど、たぶん言葉をしゃべっていません。実は私たちの祖先は、ネアンデルタール人と一時期同じ場所に暮らしたことがあるのです。

同じ場所で暮らしたということは、ネアンデルタール人と交わって子どもを残した可能性があります。われわれの遺伝子の3パーセントは実はネアンデルタール人由来です。日本人は3パーセント、ヨーロッパ人は4パーセントがネアンデルタール人由来です。明らかに祖先たちは交わっていました。でも、たぶん私たちの祖先は、ネアンデルタール人をちょっと見下していたと思います。

かつて火山の噴火のせいで、1万人にまで人間が少なくなった。たまたま彼らが賢かったせいでわれわれがいま生きている。そうでなかったら、われわれもたぶん絶滅したに違いないのです。

アメリカ人が本気で恐れるイエローストーンの噴火

さて、トバ火山の噴火は7万4000年前の話です。これは昔の話で、われわれ人間は一度その危機を乗り越えました。じゃあもう来ないのかというと、そうではない。次はアメリカの国立公園イエローストーンが噴火するんじゃないかと。

実はイエローストーンは巨大火山カルデラです（**口絵5**）。もちろんアメリカの風光明媚な国立公園として有名で、温泉地帯でもありますが、イエローストーンは火山なのです。

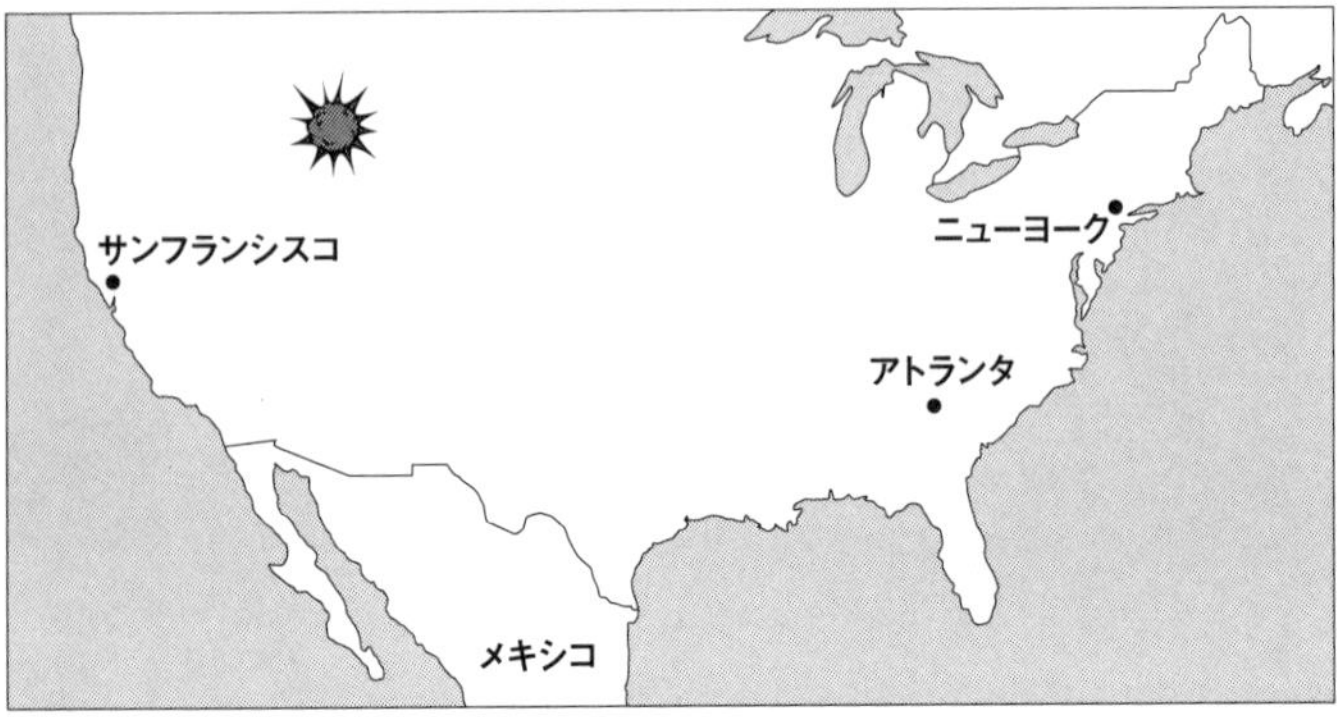

アメリカ・イエローストーンの場所

このイエローストーンは、かつて大きい噴火を繰り返しました。いま、この瞬間にもイエローストーンの下に火山のマグマ溜まりがあって、このマグマ溜まりが成長している証拠があります。この成長がいつかぎりぎり限界に達すると、マグマがドーンと噴く。その量が半端ではないということを、アメリカ人は本気で恐れています。

先ほどの約２００年前のタンボラ火山のマグマ溜まりの量はこんなものです（左頁）。タンボラが１発噴いただけで、翌年に「夏のない年」があった。トバ火山は76万年前のロングバレー（カリフォルニア）の噴火の約４・５倍です。これに比べると、イエローストーンは２１０万年前にトバ火山と同じくらいの規模で噴いています。この時代にもし人間がいたらたぶん滅んでいます。これがもう一回来ないという保証は全然ない。64万年前もトバ火山の½～⅓ですから。イエローストーンは一回噴い

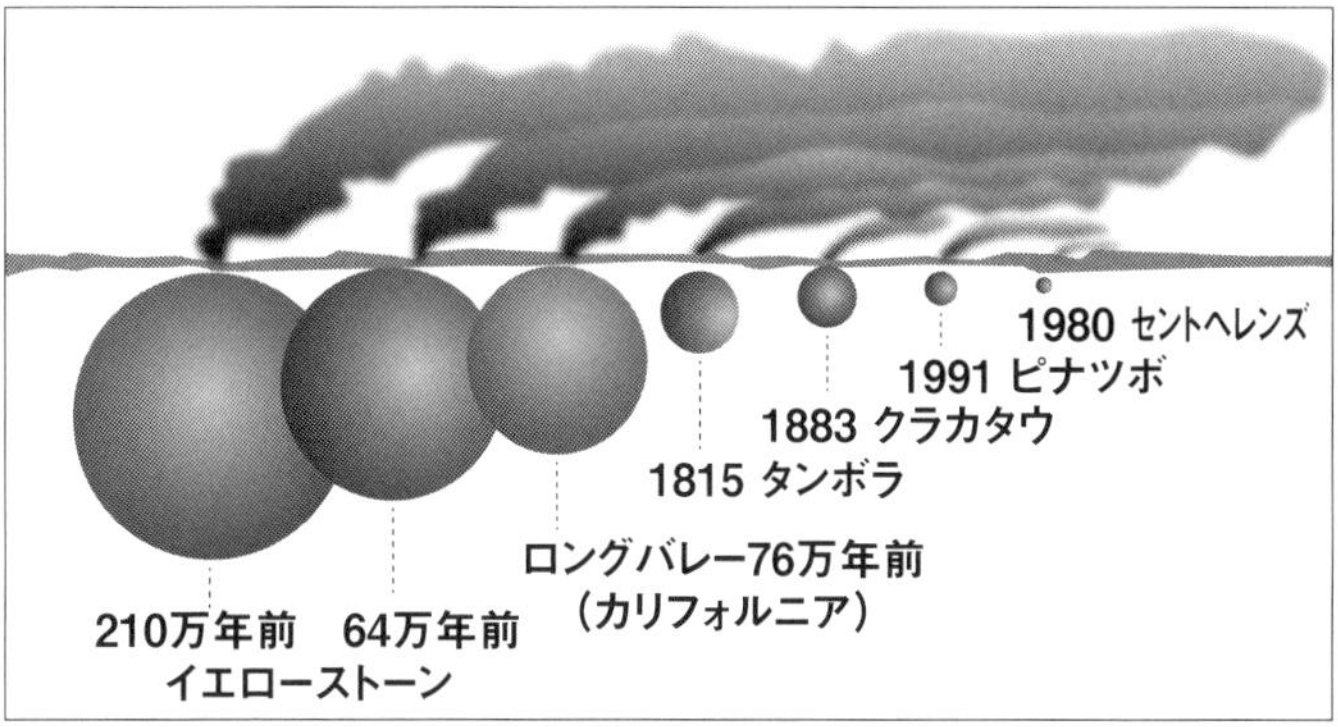

たら怖いです。
　それが、マグマ溜まりがちょっと限界に来ているぞという証拠が挙がってきていて、アメリカの国の研究機関、アメリカ地質調査所（ＵＳＧＳ）が本気でそれを心配しています。
　もし噴いたらどうなるのか。こうなります。これがたぶん火山灰が覆う範囲です（次頁）。この辺は火山灰が少なくとも数センチから数十センチ積もると思います。明らかにアメリカの真ん中から西側は埋まってしまいます。アメリカの重要なシカゴであるとかニューヨークとかワシントンＤＣ、あの辺は埋まらないのでまあよかろうという気持ちはありますが、これだけ埋まったらさすがにまずいし、これとは別の予測もあります。
　別の予測は、たとえばこんなものです（61頁）。まず真ん中の濃い部分がたぶん3、４メートル埋まる。いちばん外側は数センチぐらい埋まります。

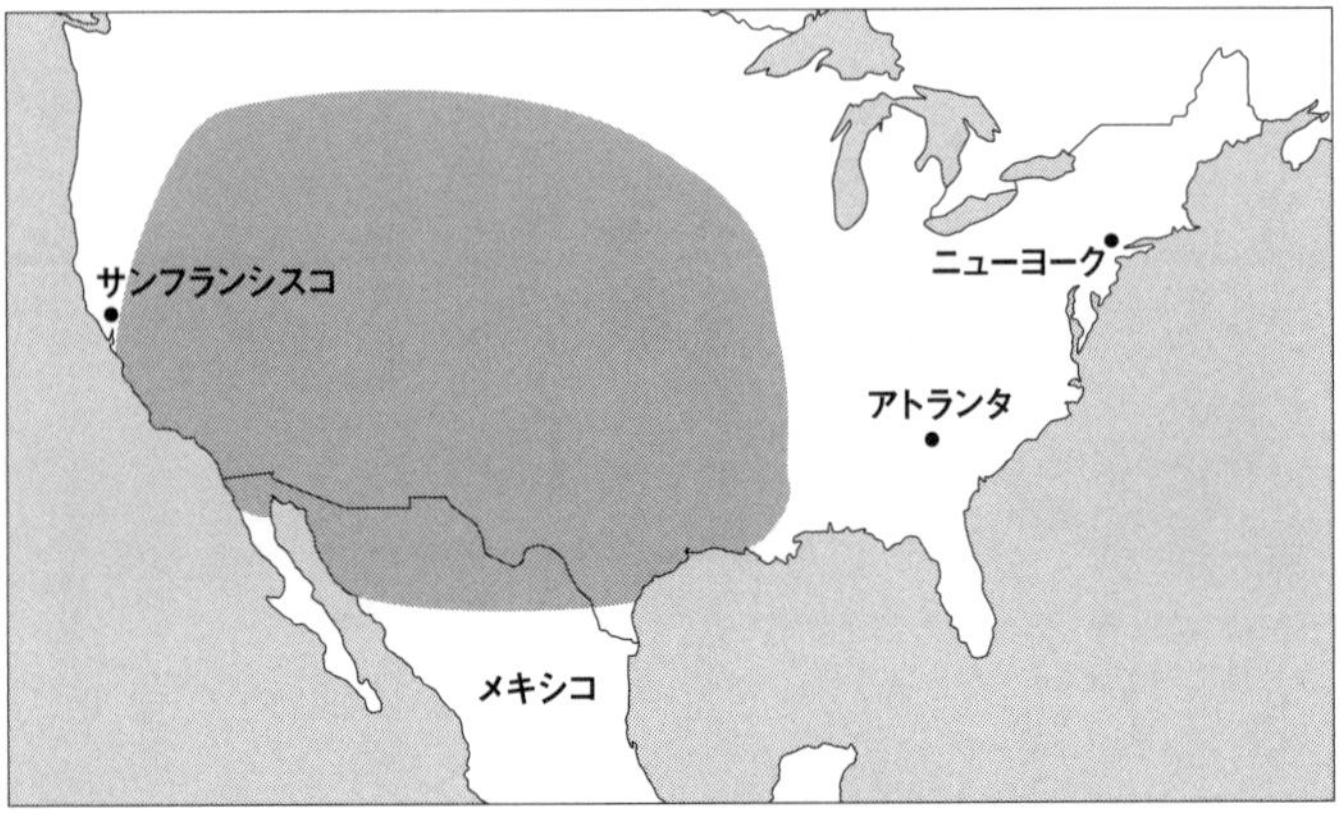

イエローストーン噴火時の火山灰降灰地域（予測）

数センチでも埋まったらえらい騒ぎですよ、火山灰なんて。1センチでも火山灰が積もって、そこに雨が降ったら地獄です。ドロドロのぬかるみで、車は走れないし、雨が降ったあと、お日さまが照って天気になって乾いたら、カチンカチンでもう何もできない。1センチ積もっただけで大天災です。それがなんとここまでですから。これをアメリカ人はいま本気で気にしています。

ここまでは地球の危機、地球の問題でした。危機といえば他にも「巨大隕石」「巨大太陽フレア」「ガンマ線バースト」「宇宙人襲来」などもあるのですが、それらは地球の外、宇宙から来ちゃう問題なのでどうしようもできないことです。地球の噴火もどうしようもないですが、宇宙から来る災難はもっとどうしようもない。

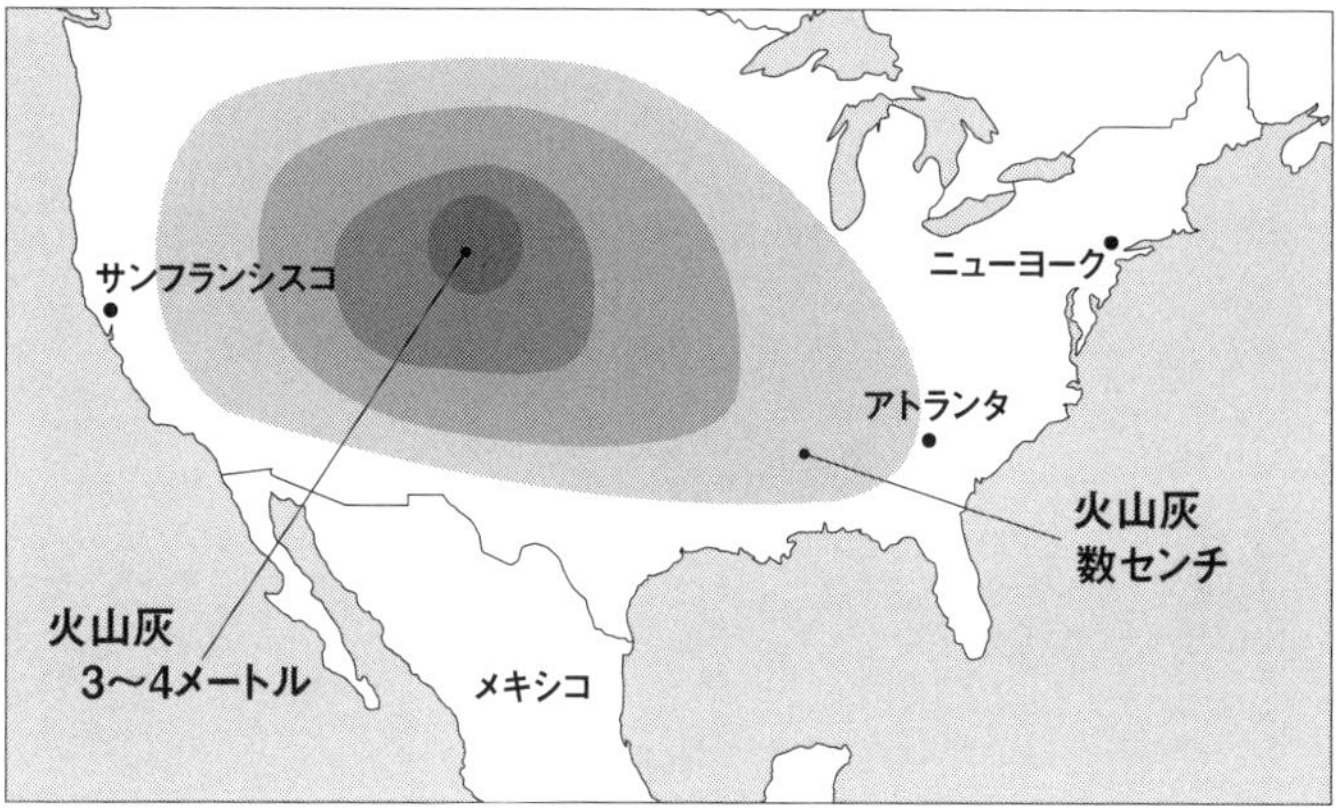

火山灰降灰量（予測）

これらの話はまた別の機会にお話しできればと思っています。ここからは、みなさんからお寄せいただいた質問票を使ってお話ししようと思います。

【Q&A】

――「地磁気の逆転についてとても興味があります」

すごい専門的ですね。きょうは用意していませんが、地磁気逆転は重要な問題で、しかもわれわれ人間のヒューマン・ヒストリー20万年ないし30万年の間でもあったので、次回以降の検討課題にします。

――「ゴールデンウィークや夏休み、子どもから大人まで楽しめる、科学を体感できるイベントや場所のおすすめは？」

普通に考えればお台場の未来館じゃないですか。あと個別の話としては、東京の人だったら新江ノ島水族館とか、立川の極地研究所、相模原のＪＡＸＡ（宇宙研）、ＪＡＸＡの本体はつくばにもありますが、そのへんじゃないですかね。ＪＡＸＡの「はやぶさ」担当は相模原にあるし、つくばも面白いですよ。それから、極地研究所は立川なのでちょっと遠いですかね。未来館がいちばん簡単だと思います。私個人的には、新江ノ島水族館、通称「えのすい」が大好きです。

――「海底調査をやる人か宇宙飛行士になりたいのですが、どういう勉強をしたらいいですか」

海底調査のほうはどんな人でもいいです、正直言って。だから、何でもいいと思います。最近は、科学者はもちろんのこと、エンジニアリングの人も行っているし、ＩＴ関係の人も行っている。私たちは、科学技術ではなく文系の人にも行ってほしいと思っています。実際にＳＦ作家さんに行ってもらって、そこでインスピレーションを得てもらって、それをＳＦ作品に反映するということもやっていますので、いろんな形で行けると思います。

南極に関して言えば、私の経験では、アーティストにも南極へ行ってもらいたいと思っています。アーティストというのは、詩人とか絵を描く人。南極に行ってインスピレーションを得て、それを詩とか絵とか音楽に反映してほしいという望みがある。だから、いろんな形で行けると思います。

宇宙飛行士だけはちょっと別で、宇宙飛行士はまだ厳しいですね。そもそも次にいつ募集があるのかわかりません。また、具体的にどうやったら宇宙飛行士に選ばれるかは落ちた私にはわかりません。いままで受かった人を見てもちょっとわからないので、やはりわかりません。ただ、簡単に言うと、いろんな勉強をしたほうがいいです。私が受けた時は、最初に書類選考があるのと、国家公務員Ｉ種ぐらいの教養試験があるのと、英検１級、ＴＯＥＩＣで７００〜８００点、そのぐらいのものは要求されます。

――「月と火星と宇宙空間、人間がいちばん生存できる可能性はどこがいちばん高いですか」

宇宙空間のイメージはたぶん宇宙ステーションということかもしれませんが、この3つの中で言えば、将来の可能性としては火星でしょうね。なぜならば、火星には地球の100分の1ぐらいの大気があるのと、水が使えそうなことですね。月にも水はなくはないけれど、岩石の中に入っていて、岩石からそれを取り出すのが難しいのでちょっと使いにくいです。火星のほうは氷があるので、その氷を融かしちゃえば水になるので、そのほうが簡単かなと。宇宙空間は本国からの支援がなければ、将来も住むには難しいです。

――「地球環境の変化や戦争で、人間全員が生き残らないことはありますか」

つまり絶滅ですね。人間の文明の全滅は私はかなりあると思っています。全員が全員一瞬にして死ぬんじゃないですよ。かなり多くの部分が死んで、文明がなくなって、文明生活はできないけれど、単なる生物種としては生き延びるでしょう。

ただ、人間ってもう単なる生物種として生き残れるほど野生じゃないですから、自然界ではわれわれはたぶん死んじゃうはずなので、文明がなくなったら生き延びた人たちも死んじゃうだろうと思っています。さっき言ったように、1万人を下回ったらもう〝種《しゅ》〟を維持できませんから、たぶんそれで滅びると思います。

では人間は何で滅びるかというと、私が思うに、いちばん怖いのはさっき言った火山ですね。あと隕石も怖いですが、それは人間のせいじゃない。人間のせいだと戦争がいちばん怖いかなと思っています。私も平和を訴える広島の人間ですから、そこはちょっと気にしたいです。

――「その場合、長い時間をかければ、地球はいまのような生き物が生きる状態に戻りますか」

人間が滅びようが何をしようが、地球の生物は逞しいですからね。地球はいまから45億～46億年前に誕生し、生命はおそらく40億年前に誕生しています。40億年間、地球の表面で生命は1回も滅んでいないのです。40億年間、地球の表面でずっと続いてきた現象、これは火山であれ何であれ、そういった現象は生命以外にはないのです。生命だけが40億年間ずっと1回も途切れずに来た現象なので相当逞しいと思います。

また、人間が滅んでも生命全体は滅びません。新しい人間が生まれるかというと、それはわかりません。もう一回生命をやり直して、ネズミみたいなのが出てきて、ネズミみたいなものからサルが出てきて、サルから人間が出てきた、人間も人類の種はいっぱいいたけれど、その中の一つが放っておいても頭が良くなるふうには簡単には進化しないです。

だから、さっき言ったように、いま私たちの頭がいいのは、７万年前の火山のせいなのです。というふうに、いろんな偶然の結果、いま私たちはいるので、知的生命体が簡単に出るとは私は思っていません。ただ、ゴキブリ程度の生き物だったらいっぱいいるでしょう。と言ったらゴキブリに悪いですけれど。

——「最近のニュースで、南極大陸で17・5度Cという最高気温を記録したというのを見ました。解説をお願いします」

確かに、南極の夏で高温を記録しました。そこは南極大陸なんだけれど、南極半島という、ピョコンと飛び出た場所のいちばん先っちょだから、いちばん南極っぽくないのです。私はそこに行ったことがありますが、夏になると青々とした草原が出現します。その草原の上をペンギンが歩く、緑の草原の上にペンギンがいるというすごいシュールな光景が見られます。

それから、あそこは南極大陸の端っことはいえ、一応は南極なのですが、あそこは雨が降るんですよ。でも南極観測隊員って傘を持っていないんですよ。だから、あそこで雨に降られると相当困ります。

ちなみに、南極大陸のこの17・5度Cを記録した場所というのは、南極大陸の半島の先っちょですが、別の定義で言う南極には入っていません。南極には別の定義があって、それは南緯66・6度より緯度が高かったら南極ですが、南極半島の先っちょはその緯度より低緯度なんです。いわゆる南極圏より外側にあります。だから、私的にはあそこは、南極大陸の一部ではあるけど南極圏には入っていない。ということで、べつに最高気温を記録しても驚くにはあたらないと思っています。

ちなみに地球温暖化の影響は南極の他の場所にも及んでいて、南極は日本の37倍もあるデカい大陸ですから場所ごとに違うんですよ、温暖化の影響が。たとえば日本の南極基地、昭和基地の辺りは逆に氷が厚くなっています。毎年毎年氷が厚くなっているので、日本の観測船「しらせ」が行くのにものすごく困難な思いをすることがあります。非常に分厚い海氷を割って進むわけですから。それが年々分厚くなっています。

というふうに、南極の日本基地の周りは逆に氷が増えています。一方で、そのちょうど反対側、裏側の南極半島のほうは、南極のホットスポット、むちゃくちゃ温度が上がっています。これはいまに始まった話ではなく、過去10年ぐらいずっとそうです。だから南極の中でも特に温度が上がりやすい場所で最高温度が記録されたということで、私たちにとってはさほど驚く話ではない。

ただ、やはり南極のその場所における温暖化は激しいですね。それがどういう影響を及ぼすかというと、たとえばペンギンは海にもぐって餌をとりますが、羽が脂っぽいので雨が降っても水をはじきます。でも、それは大人です。ペンギンの雛《ひな》の羽は水をはじきません。だから雨が降ったら雨が羽の中に入ってきて皮膚まで達します。そうすると皮膚が濡れて低体温症になって死んじゃうのです。だからペンギンの雛が死にやすくなります。

ペンギンもさっきのシロクマ（ホッキョクグマ）と同じで、氷の上を通って行って、氷の上から海にドボンと潜ります。ただ、ペンギンの種類によっては、遠くまで行ってから海に入るものもいるし、近場から海に入るものもいる。氷がだんだん減ってくるということは、遠くから海に入るペンギンにとっては損ですし、近場から入るやつにとってはべつに何の影響もない。というふうに、ペンギンの種類によっても影響の出方は異なるということです。

――「イエローストーンを人工的に噴火させるとアメリカは終わるという話を聞きました。そんなことは可能ですか」

イエローストーンが噴火すると、アメリカはものすごい打撃を受けるでしょう。これは本当です。だけど人工的に噴火させる、これはどうやったら実現できるのかわかりませんね。核爆弾を2、3発撃ったところで、どうもならないと思いますよ。ちょっとわかりません、正直。人間が持っている最強の核爆弾だったらわかりません。人間が持っている最強の核爆弾は広島型原爆の3300倍あるいは1万倍だそうですから、それだったらできるかもしれないけれど、それでもダメかもしれないですね。わかりません。

――「もしも地球上から人間がいなくなったら、地球の自然や人間以外の生物はどうなりますか」

　どうなりますかね。とりあえず、いろいろな生き物の絶滅のスピードが遅くなるでしょうね。どんな生き物でも、いつかは絶滅します。どんな種でも。絶滅するか、もしくは進化して新しい種になるかなんですよ。どんな種も絶滅か進化しかあり得ない。その種のままではいられないことは確かですが、人間がいるせいで絶滅が加速しています。これは本当です。

　じゃあ、人間がいなくなったら、いろんな種の絶滅が減りますかというと、たぶんそうです。ただ、それは私にとってはあまり意味がなくて、ただ粛々と生き物の絶滅が減るな、ぐらいの話です。

　逆に言うと、人間がいること自体が悪だと言う人がいますよね。「人間は地球のガンだ」と言う人もいるけれど、私はそうは思いません。人間はただここにいるのです。それに善も悪もない。だから人間がこのまま生き延びようが、絶滅しようが、私にとっては粛々と、ああ、そうですかと受け容れるのみです。

　人間がいないほうが地球の寿命が延びるような気がするというのは、どうなんでしょう。地球の寿命というのは決まっていて、あと50億年で終わりです。じゃあ、生態系はというと、生態系の寿命はおそらくあと６億年です。なぜなら、６億年後に地球上の水が全部消えるからです。

どこに消えるかというと、それは地球の内部に行きます。プレートテクトニクスといって、太平洋の海底が日本列島の下にもぐり込むときに、太平洋の海底と日本列島の岩石が摩擦するせいで巨大地震が発生するという話は、みなさんたぶんご存じだと思います。

太平洋の海底が地球の内部にもぐり込むんだけれど、その海底というのは海水をジャブジャブに吸っているんですね。スポンジのようにやわらかくはないけれど、スポンジのようにジャブジャブジャブに水を吸った状態で地球の内部に行きます。それが何回も何回も繰り返されると、太平洋の水が全部地球の内部に入っちゃうのです。

ということで、あと6億年で地球の水は全部地球の中に入っちゃうので生態系は終わります。地球という惑星自体、50億年後に、末期に膨れ上がった太陽に呑まれて、あるいは灼《や》かれて消えます。それは人間がいようがいまいが同じなので、べつにそこは変わらないと思います。

――「私の人生も氷河期です。氷河期の過ごし方、心の保ち方などアドバイスを」(笑)

地球は氷河期(氷期)がデフォルトなんですから、それが普通なのです。ここ100万年ぐらいの歴史を見ても、だいたい10万年氷期が来て、そうでない間氷期という時期がある。いまは温暖期だと言う人がいるけれど、そうではないです。地球の歴史を見ると、いまの間氷期の正しい表現は「寒くない時代」です。ここ100万年の歴史を見ると、10万年の「超寒い時期」と、１万年の「さほど寒くない時期」の繰り返しです。そしていまは１万年のさほど寒くない時期なのです。

この前の氷期が終わったのは1万年前です。ということは、「寒くない時期」がもう１万年たっちゃったので、じゃあ間氷期ももう終わりじゃんということになります。それが私の恐怖なのです。この地球もいよいよ次の氷期10万年を迎えるんだねと。でも、それが当たり前なんですよということだけ言っておきたい。

人間には20万年ないし30万年の歴史があるから、われわれの祖先も氷期を２回経験しています。われわれの祖先が生まれた20万年前ないし30万年前は氷期の真っ最中です。そのあとさほど寒くない1万年があって、また氷期に入りました。７万４０００年前にまたさらに寒くなった。それで1万年前にまたさほど寒くない時代があった。われわれホモサピエンスは、もう2回も氷期を経験しています。

それで滅んでいないんだから、次の氷期もたぶん滅びないと思います、生物種としては。ただ、文明はどうかな。そんなところで、どうアドバイスしていいかは難しいですが、まず氷河期はこれが当たり前で、そうじゃない時代のほうが珍しい。人生論的に言えば、ぬるま湯につかっている時代です。できれば、このぬるま湯の時代のうちに次の苦しい時代に備えましょうというのが一つの考え方です。すでに自分の人生は氷河期とおっしゃっている人は、ぬるま湯もないいんだけれど、まあ、何とか生き延びるしかないですね。

「自分の人生は氷河期」という表現が具体的に何を意味するのか推し量るのは難しいですが、普通に考えれば、氷河期は食べ物が減ります。作物が穫れないので、お米も小麦も芋も穫れないので食べ物が減る。食べ物が減るから人間の数も減ります。そういうのが氷河期ですが、自分の人生で言えば、お金が足りないとか、食べ物がいっぱい食べられないとか、家族を養えませんとか、自分だけ食わせるので汲々ですとか、そういう話かもしれませんが、それでも我慢するしかないんじゃないかな。

まあ、人間、あまり我慢するともたないので、発想の転換をする。一つの考え方のチェンジは、長生きするには、あまりものを食わないほうがいいんです。というのが最近の科学の成果です。腹が減ると、脳が「腹が減った」と思うので、それが刺激になって、ある遺伝子がスイッチオンする。

その遺伝子は「サーチュイン」というのですが、「腹が減った」というのが刺激になってサーチュイン遺伝子がオンになると、それはいろいろな働きを持っているのですが、その一つが、長生きさせる方向に働くというものです。

具体的に、何がどうなると長生きするかというのはなかなか難しいですが、少なくとも体の中のいろいろなストレスを減らす方向に働く。その遺伝子がスイッチオンすると長生きするというのは、マウスを使った実験でわかっています。マウスの腹を減らすと長生きするというのがわかっています。マウスと人間は近い部分もあるので、マウスがそうだったら人間もそうでしょうと。

だから「腹八分目がいい」と昔から言っているのは、たぶんそのことの裏返しです。私的には、腹八分目ではまだサーチュイン遺伝子のスイッチが入らないから、腹五分目でいいんじゃないかな。

「1日3食」というのはみなさん普通に思っているけれど、1日3食になったのは、日本ではせいぜい室町時代ですからね。それより前は1日2食ですから。だから1日3食は当たり前じゃないのです。昔の日本、1000年前は1日2食ですから、1日2食を実践するだけでもサーチュイン遺伝子をスイッチオンして、より長生きできるんじゃないかなと思います。

こういうふうに前向きに考えれば、氷河期を乗り越えて、人より長く生きられるんじゃないかと思います。いままさに氷河期でない人は、この世の春を謳歌して、カネに飽かせて食いたいものをさんざん食って早死にするんですよ。そいつらに勝つというつもりでいればいいんじゃないでしょうか。

ということを申し上げて、ちょうど時間になりました。

第2章

大エネルギー論

～世界のエネルギー事情最前線～

衝撃の２００３年、首都圏に原発のない夏があった!?

ソーラーエナジー

きょうのテーマは「大エネルギー論」です。

日本には原発問題がありますが、世界的な、地球規模とか人間の歴史というものすごくデカい規模から見て、今後どんなふうになるのか、バラ色か灰色かということを語りたいと思っています。よろしくお願いします。

最初にこのスライドをパッと見ていただきます。

【スライド】

（夜の地球の写真。日本と朝鮮半島の間、日本海のあたりにひと際明るい場所がある。明るさの正体はイカ釣り船で宇宙から見ていちばん明るい）

私がこれで言いたいのは、きょうは「エネルギー問題」を話すのですが、最終的には「電気論」になります。このように夜の地球がガビガビ光っているということ、これはとりもなおさず電気です。焚き火もあるかもしれないけれど、21世紀の地球では焚き火の光はほとんど貢献していない。ここにある夜の地球の光は、みんな電気と思っていいです。だから、きょうの「エネルギー論」というのは、別名「電気論」だと思ってください。

昼の地球は、もちろん太陽の光を受けて明るく輝いて見えます。地球においていちばん重要なエネルギー源は何といっても太陽です。地球の内部から出てくる火山のエネルギーとか、地球から掘り出した化石燃料、そんなものより太陽のエネルギーは地球にとって圧倒的にバカでかいので、「太陽のエネルギーを使わなければ人間に未来はない」ということを言ってみたいと思います。

あらかじめ言っておきますが、私はソーラーエナジーの業界から1円たりとももらっていません。べつにソーラーエナジーの業界が好きでも嫌いでもないんだけれど、どう論理的に考えても、ソーラーエナジーにしか人間の未来はないと思っているので、そのへんの話をご紹介したいと思います。

放射性廃棄物

これが東日本大震災前、2011年3・11前の日本の電気・電力の状況でした（次頁）。日本の電気の3分の1は原子力だったと言われています。それは事実でしたが、3・11の

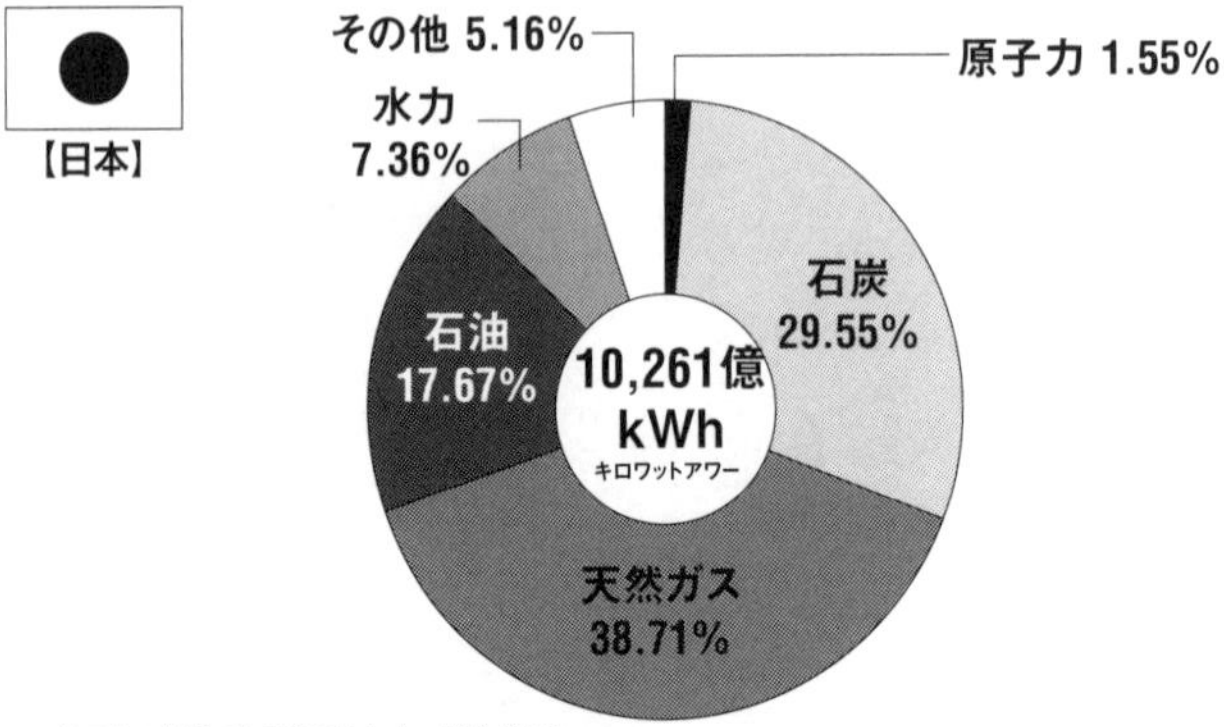

※四捨五入の関係で合計値が合わない場合がある
(出所) IEA「ENERGY BALANCES OF OECD COUNTRIES(2014 Edition)」／「ENERGY BALANCES OF NON-OECD COUNTRIES(2014 Edition)」
経済産業省資源エネルギー庁 HP の図版をもとに作図

日本の電源別発電電力量の構成比（2012 年）

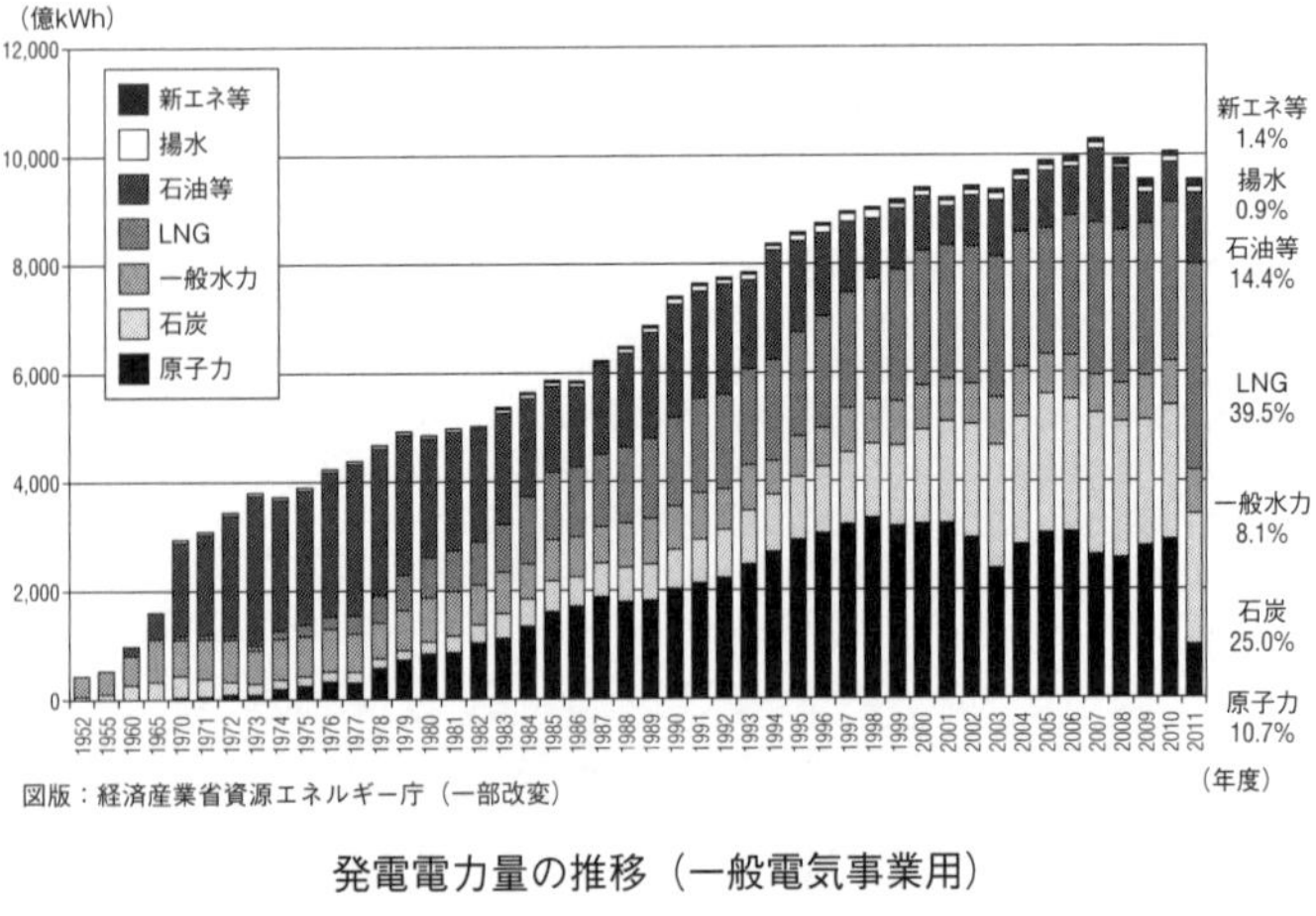

図版：経済産業省資源エネルギー庁（一部改変）

発電電力量の推移（一般電気事業用）

あとは違います。この原子力の部分がすっぽり抜けて、いまはほとんど火力で補われています。

この話はまたあとでしますけれども、3・11の前は3分の1が原子力でした。私は大学の授業をやっているときに必ず蛍光灯を3分の1切るんです、20年前からずっと。そして、「みなさん、3分の1切るとこうなります。いいですか」、つまり「原発をやめるとこうなります。いいですか」と言うのですが、だいたい学生はみんな「いいです」と言います。だから「原発がなくてもいいよね」とずっと言ってきました。

ちなみに私は原子力業界の関係者だったことがあります。「日本原子力研究開発機構」（JAEA）というところがあるのですが、そこの関係者で、何に関係しているかというと、実はゴミ捨て、つまり原発で出た灰、放射性廃棄物をどうするかというところに関係しています。

日本の場合は、西暦2000年に決まった法律によると、「300メートルより深い地中に安全に埋める」ということになっています。それ以外の選択肢はいまの日本では計画されていません。もちろん頭の中ではいろんな選択があるんだけれど、国会を通った法律としてはそれしかありません。それに基づいて、300メートルより深い場所で、安全・安定的に埋められる場所をこの十数年探しているのですが、まだいい場所がありません。

もちろん私たちの頭の中にはありますよ、学者として。あるんだけれど、そこの地方自治体の市長さんとか町長さんとか村長さん、あるいは住人さんたちにまだ納得してもらえない状況なので、その土地の名前さえ挙げられません。挙げると、その瞬間から土地の価格が下がるとか上がるとかいろいろあるので挙げられませんが、そういう状況の中で、どこに埋めるか決まっていないまま、埋めることだけは決まっているという状況です。

つまり、みなさんが原発に賛成であれ反対であれ、ここにすでに原発のゴミがあるのです。「このゴミはどうするの」と言うと、誰も責任を持った回答をしてくれません。小泉元首相でさえ、原発ゼロと言っているけれど、そこについては言葉を濁すだけです。私たちは原発のゴミ処理のフロント、最前線にいる人間としていろいろなことをやってきました。そういう意味での関係者です。

いろいろ知っているのであまりヤバい話はしにくいんですが、原発に賛成であれ、反対であれ、ゴミ問題は避けて通れません。それだけはみなさんに知ってほしい。これはみなさんの、どんな立場であれ共通の問題です。立場を超えた日本人全員の問題です。ただ、その問題はまた追々ということで、とりあえず3・11前の日本の電気・電力の状況はこんな感じだったということを、おさらいしました。

カナダの発電量の内訳

これはわかりやすいですね、カナダです（左頁）。カナダは水力発電が全体の半分以上

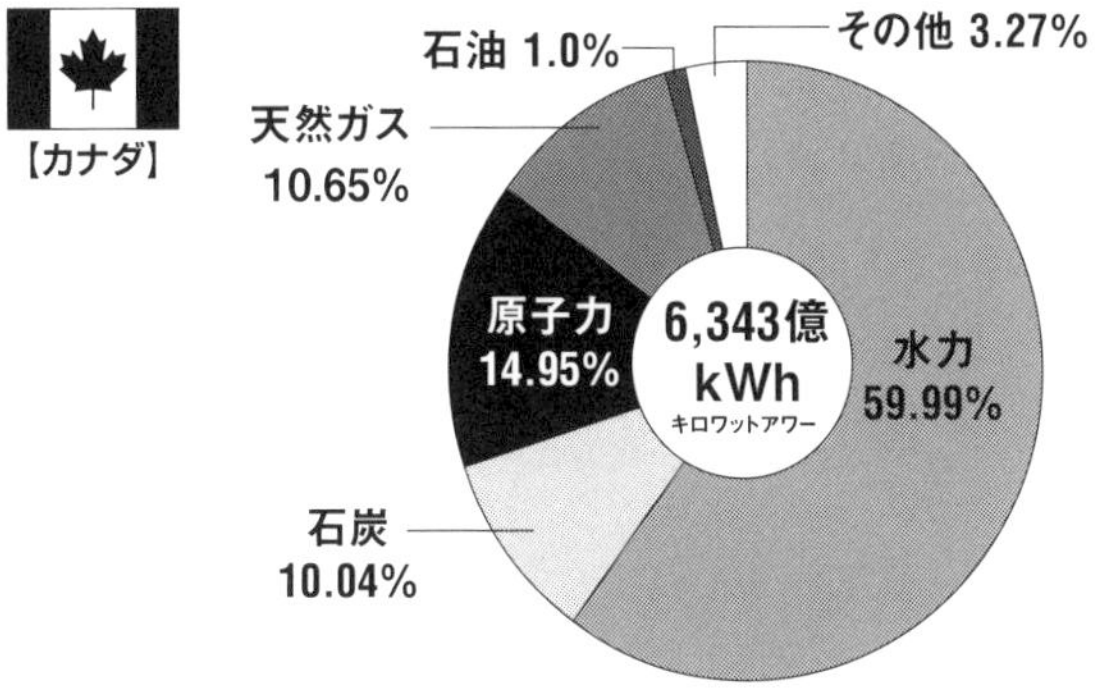

※四捨五入の関係で合計値が合わない場合がある
(出所)IEA「ENERGY BALANCES OF OECD COUNTRIES(2014 Edition)」／「ENERGY BALANCES OF NON-OECD COUNTRIES(2014 Edition)」
経済産業省資源エネルギー庁 HP の図版をもとに作図

カナダの電源別発電電力量の構成比（2012年）

を占めています。水力発電は二酸化炭素を出しません。そして再生可能なのでいい。非常に安定していますけれど、ただ、水力というのは、カナダのようなまだ工業社会がむちゃくちゃ発達していない国ではいいと思いますが、日本のように工業社会が発達した国では、水力だけには頼れません。その理由はまたあとで言います、なぜ水力じゃだめなのかということを。カナダみたいな、ある意味ちょっと準工業的なところだったらやっていけるけれど、日本みたいな工業国ではちょっと厳しいというのが率直な意見です。

中国の発電量の内訳

さあ、中国です。中国は極端ですよ。石炭が7割以上、この割合がどんどん増えています。あとは水力です(次頁)。今後の中国にとっ

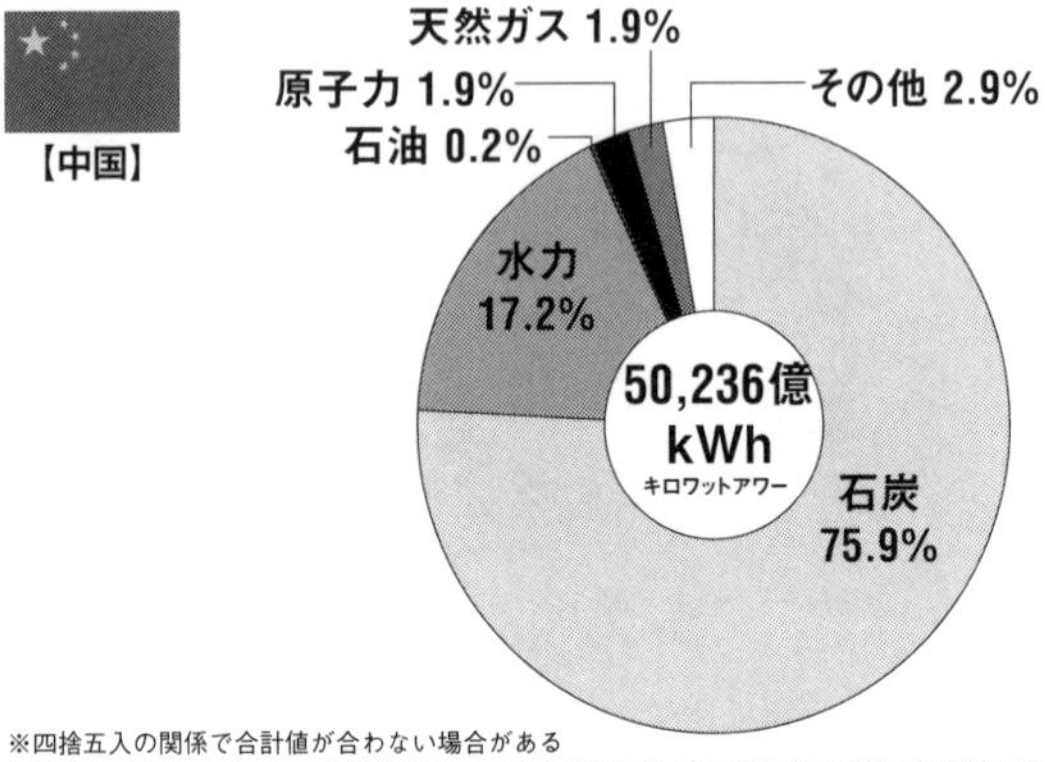

※四捨五入の関係で合計値が合わない場合がある
(出所)IEA「ENERGY BALANCES OF OECD COUNTRIES(2014 Edition)」/「ENERGY BALANCES OF NON-OECD COUNTRIES(2014 Edition)」
経済産業省資源エネルギー庁HPの図版をもとに作図

中国の電源別発電電力量の構成比(2012年)

て水力がどこまで伸びるかわかりませんが、中国においては石炭が圧倒的です。石炭のせいで「すす」が出る。あの黒いすすが出るがゆえに大気汚染問題が起きていることはみなさんご存じのとおりです。

いわゆるＰＭ２・５、これが中国の都市部というかほぼ全土を覆っていて、不幸なことにこのすす、ＰＭ２・５は、ジェット気流、偏西風に乗って風下のほうに来ます。日本列島は地理的に中国の風下にあります。みなさん天気予報を見るときに、天気予報の地図の西から天気が変わってくることはご存じですね。

ハワイに行ってハワイの天気予報を見ると、ハワイは東から天気が変わります。あそこは偏東風といって東風が吹いているので、ハワイに行ったら東側、地図の右側を注意する。でも、日本の位置では偏西風だから、地図の左側、西側のほうを注意する。つまり西の風上の中国側からヤバいモノがやってくるわけです。

　私はこのことを指して、日本列島は「ザ・風下の国」と言っています。「ザ」です。中国で何かあったら、ＰＭ２・５であれ、中国で原発が吹っ飛んだら放射性物質はこっちへ来ます。私はいま広島にいるのですが、広島と福島では、福島の放射能問題について温度差があります。でも、中国からもし飛んできたら、福島より広島のほうが被害を受けるので、広島の人にも注意を促したいと思います。いずれにせよ、そんな感じで中国では石炭がほとんどを占めているから、大気汚染問題はますます深刻になっていくと思います。

　では中国はどうするのかというと、水力の問題はまた別のところで言いますが、原発を増やすでしょうね、間違いなく。

フランスの発電量の内訳

　さて、原発先進国・フランスです。フランスは電力の約８割が原子力です（次頁）。あの国は本当に腹が据わっています。「うちの国は原発でやっていく」と腹を据えて、原発の基礎研究、応用研究、それから吹っ飛んだ場合の対策にものすごい知恵と労力とお金をかけています、国家を挙げて。

　つまり、いまの原発というのは、われわれ人間にとってはまだまだ扱いにくい部分で

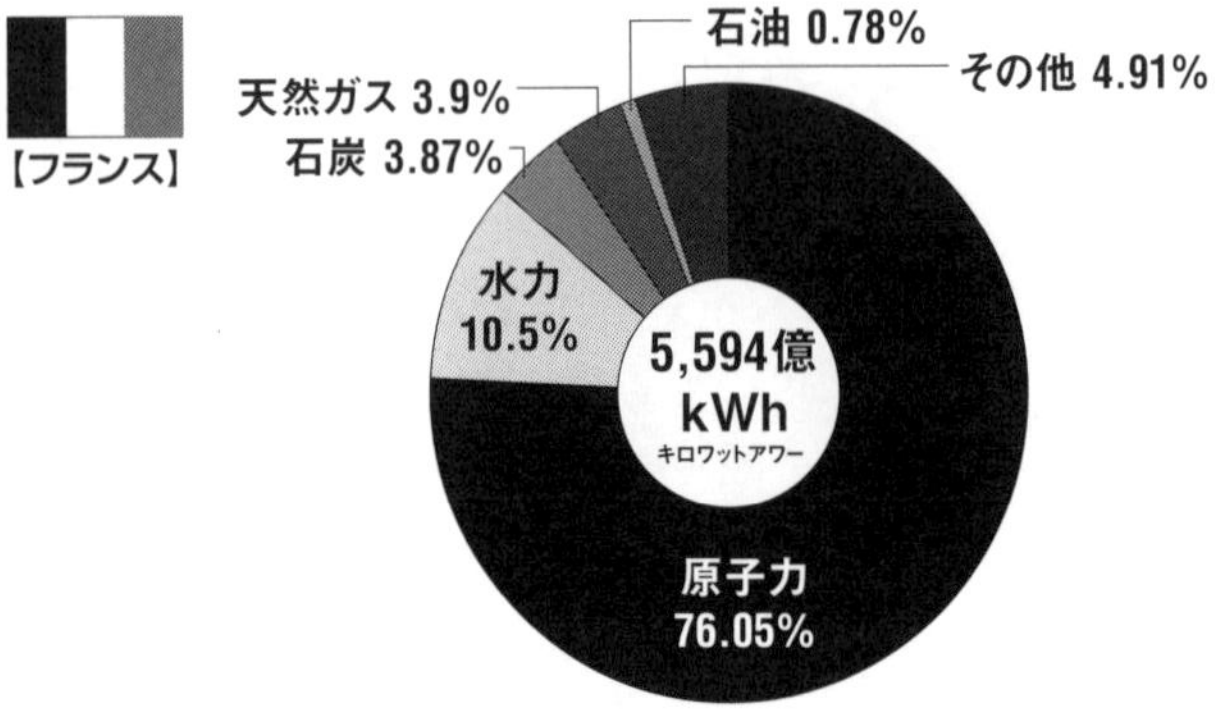

※四捨五入の関係で合計値が合わない場合がある
（出所）IEA「ENERGY BALANCES OF OECD COUNTRIES(2014 Edition)」／「ENERGY BALANCES OF NON-OECD COUNTRIES(2014 Edition)」
経済産業省資源エネルギー庁 HP の図版をもとに作図

フランスの電源別発電電力量の構成比（2012 年）

す。われわれ人間はホモサピエンスで20万年ないし30万年の歴史がありますが、たぶんわれわれの祖先は初めから火を扱ってきました。でも、20万年ないし30万年たったいまでさえ、ときどき失火しますよね。何かの間違いで火災が発生しちゃう。それは意図的に放火する話ではなくて、20万年ないし30万年たったいまでさえ、うっかり火事になっちゃうようなものなのです。

原発の火は人間が扱ってまだせいぜい50〜60年です。われわれはまだ原発の火を扱うことに長けていませんから、この火を安定的にコントロールしながら使うには、もう50年とか１００年かかるでしょう。それは明らかに国家を挙げてやらなければならない話です。だって自分のカネだけで原発をつくって、維持して、廃炉できませんから。だから国家を挙げて、腹をくくって、原発の火を扱う術を覚える。
それは試行錯誤だから失敗もあるでしょうよ、と。失敗も織り込み済みの中で、国家として何とかやっていきましょうというので、フランスは腹が据わっているなと思いました。ここは日本と決定的に違います。

原発と経済

日本の話に戻ります。日本はかつて発電量の３分の１は原発でした。いま原発の割合が減ったので、減った分を火力で補っています。火力で補うとどれだけわれわれはお金を余計に払うんでしょうか。そこで火力の燃料輸入費ですが、震災前２０１０年度は、３・６兆円火力用にお金を払っています。石油・石炭・天然ガス、これで３・６兆円でした。震災後の２０１２年は７兆円です。ほぼ倍増です。簡単に言えばこの差分を原子力で賄っていたのです。

原子力は３兆円もかからないよと、経済優先主義の人は絶対にこの話をします。「われわれは原発を使わないがために、倍近くも余計にカネを払っているんだ」と。これが経済屋さんの根拠です。みなさんもこの根拠は知っておいてください。原発をやめたせいで、いままでに比べて石油・石炭・天然ガスを輸入するお金が倍増しているのです。これをわれわれは容認できるのか・できないのかということです。

私たちが家庭や会社や学校で多少電気をケチっても、このカネはどうにもなりません。いわゆる経済界・産業界がきちんと節電しないと、どうにもならないのです。だから、「この3兆円以上の上乗せ分が経済界に反映して、国際競争力が弱まっていると言っていいでしょう」というのが経済界の言い分だということは知っておいてください。

これをどうやって今後解消していくのかということ。原発をいますぐ再稼働すれば、3兆円以上を減額できます。でも、原発ゼロでいくんだったら、どうやって3兆円以上を減額するのかという話を考えねばなりません。もうそれに尽きます。きょうは、それを考えるヒントを提供できたらいいなと思っています。

新たな電力

ということで、きょうの私のお話の中心的な部分は、電気をどうやって新たにつくっていくか。原発はいま少ししか動いてません。原発がない時代にどうやって新しいところから新しい電気をつくるのか、という話をします。だから、きょうの話はまったく新しいコンセプト、まったく新しい概念に基づいた話です。

ただ、新しいといっても、それは組み合わせが新しいのであって、すでにみなさんが知っている話です。みなさんが知っている話を組み合わせると、まったく新しいコンセプト、まったく新しい社会、新しい世界がつくれるということ、それが言いたいのです。このことは関係者というか専門家の一部ではボソボソ小さな声で言われています。こうやって大きな声で言うことはあまりないのですが、きょうははっきりと大きな声で言いたいと思います。

新しい社会をつくる、つまり生活が一変するので、みなさんは家電製品を買い替えねばなりません。買い替えはお金もかかるし面倒だけど、その向こうにはすごい世界が待っています。これはパナソニックはじめ電化製品会社も喜ぶ話なので、いいんじゃないかと思います。総じて景気のいい話ですから。

きょうのキーワードは、「太陽」、太陽の光とか太陽の熱とか、そして、面白いのが「水、水素」、このへんが話の中心になります。それで私たちの社会をどういうふうに変えていくかということです。このへんを最後に展望したいと思っていますので、どうぞお聞きください。

原子力技術の継承

と言いつつ、まずこの問題にもう一回かえります。もしできるんだったら原子力をゼロにしたいという気持ちはたぶんみんなにあると思います。もしできるならゼロにしたいでしょう、きっと。あの安倍総理でさえそうだと思います。ただ、原子力の場合はいったんゼロにすると、あとの復活が大変です。もしあとで、たとえば原子力を安全安心にコントロールできるようになって原発をつくろうと思っても、一度失われた技術は復活するのが大変、おそらく復活できないでしょう。

　ということで、技術の継承の部分は残しておきたいというのが一つあります。だから研究用の原子炉はあってもいいと思います。まさに東海村にある日本原子力研究開発機構（ＪＡＥＡ）、私が関係者だったところですが、そこあたりで細々と技術の継承や発展はしてもらっていいと思う。それを商業用に使うかどうかというのは、今後いろいろなところで決まりますけれども、最低限のミニマムとして、技術の継承用はあったほうがいいかもしれません。

　たとえば伊勢神宮の式年遷宮《しきねんせんぐう》が２０１３年にありました。出雲《いずも》大社《たいしゃ》の式年遷宮と合わせてダブル遷宮でした。出雲大社は60年ぶりでしたが、伊勢神宮は20年おきです。20年おきというのはとても大事です。10年おきではちょっとせわしない。だったら30年おきはどうかというと、30年というのはいわゆるワンジェネレーションです。ワンジェネレーションだから、べつに30年でいいじゃないかというと、どうですかね。

　仮にいまの状況で20年だとすると、たとえば20代中ごろ、25歳で式年遷宮をやったという人は20年後、45歳でたぶん棟梁《とうりょう》として全体を引っ張れます。そのさらに20年上、65歳の人が全体をウォッチするおやっさんとして存在します。20年おきだったら若者と棟梁とおやっさんがいるのです。でも、30年おきだったらどうでしょう。おやっさんがいないんですよ。それではシステムとして不安定だから、やはり20年おきがいいのだそうです。だからこそ20年おきで過去１０００年以上も続いてきたのだと思います。

　それと同じでしょう、原発といった技術を継承するには、何年かおきに、原発を壊してはつくる、また壊してはまたつくる、ということが必要です。わが国の原発でまったく欠けている技術は何か、それは廃炉です。この国はすでに廃炉を最低２回やっています。２回とも研究用ですが。研究開発用の原子炉を２回廃炉しているはずなのですが、そのうちのひとつが原子力船「むつ」です。

　知らない人もいるでしょうけれど、むかし日本には原子力船という船があって、船の真ん中に原子炉を積んでいました。しかし放射線漏れがあったので、その船はもう動かせなくなってしまい、船を３つに輪切りにして、真ん中の部分だけ抜いて、中に新しい部分を継ぎ足して、新しい船であるかのように造り直しました。それがいまＪＡＭＳＴＥＣ（海洋研究開発機構）が運用している「みらい」という船です。「みらい」という船は、もともとは「むつ」でした。あれは「むつ」の真ん中３分の１を抜いて入れ替えたものです。

　では真ん中３分の１の原子炉はどうなったかというと、廃炉したはずです。でも、廃炉の記録が見つからない。廃炉の記録が見つからないというのはどういうことだと思いますか。廃炉したのは間違いないだろうに、この国において廃炉をちゃんとやったんだろうけれど記録がない。そこがいちばん弱い。

だからある意味、こんど東電が福島第一原発で廃炉しますが、それはちゃんと記録に残してほしい。失敗は失敗でいいし、試行錯誤は試行錯誤でいいから残してほしいと思います。これはわれわれの貴重な財産であるのみならず、人間社会全体の貴重な財産になります。ということで、いずれにせよ、これから初めて迎える廃炉の技術であれ、かつてやってきた技術であれ、技術は残されて継承されるべきなので、その分の原子炉はあっていい。でも、それ以上の産業用・商業用のものをどうするかというのは、これから決まってくるでしょう。

電気は生もの

原子力についてもうひとつ言いますと、なぜみんな、特に産業界は、こんなものを欲しがるんでしょうか。それは単純です。「ベースライン発電」だからです。ベースライン発電についてはまたあとで言いますが、電気には決定的に大きな問題がひとつあって、それは「電気は生《なま》もの」ということです。電気は保存が利きません。電池があるじゃないかと言うかもしれませんが、電池は日本の1日分の電気すらも貯められないので、電池だけには頼れません、というのが私のいまの結論です。電力は生もので、つくった端から使わなければなりません。

その一方で、産業界というのは、工場を24時間365日安定して動かしたいから、安定した電力供給が必要です。生ものの電気を常に安定的に供給するためには、常に発電するしかないのです。常に発電ということは、たとえばお天気によってはできませんとか、夜はできませんとか、冬はできませんとか、風が吹かなきゃできませんとか、そういう話はだめなんです。風が吹こうが吹くまいが、晴れようが曇ろうが、常に安定して発電できるものというと火力と原子力しかないのです。それで、火力はお金がかかるので、できれば原発にしたいなというのが産業界の意図なのです。

では、水力はなぜだめなのか。水力ははっきり言って溜まっている水を流しちゃったら、また溜めるのに時間がかかります。これは時間がかかる作業です。水力はどちらかというとピーク発電のためにあります。ピーク発電についてはまたあとで言います。

この「ベースライン発電」というものをみなさんに知ってほしいのです。３６５日24時間、安定的に電気が使えるためには、３６５日24時間、安定的に発電するしかないのです。「電気は貯められない」、この一点です。それができるのは火力と原発しかなくて、でも火力はカネがかかるから嫌だ、だから原発をやろうねと。二酸化炭素が出ませんとかゴチャゴチャ言っていますが、それは二の次で、本質的にはカネがかかる・かからないということです。

水力発電の仕組み

さて、水力です。これは日本最大級の水力発電ダムの黒部ダムです（**口絵6**）。ダムで水を溜めます。この水は使うとなくなっちゃうので簡単には使えません。ダムは溜めた水をここでダーッと放水していますが、実を言うと、ここでは発電していませんよ。みなさんはこの場所で発電していると思うかもしれないけれど、それは間違いです。違う場所、なんと地下で発電しています。こんな感じでダムで水を溜めて、この水を落とすことによって発電のタービンというものを回すのですが、回すのはまた別の場所、なんと地下なのです。

細かい話は、映画『黒部の太陽』のＤＶＤを見てください。これ、石原裕次郎と三船敏郎が当時の映画界にケンカを売ってつくった自主制作ですよ。ではなぜ彼らはこんなことをやったんでしょう。なぜ当時の映画界にケンカを売ってまで、この『黒部の太陽』をつくったんでしょうか。ここに一つの日本の未来があったからです。昭和30年代、いまから50数年前に夢見た未来でした。ちなみに黒部ダムそのものは２０１３年が50周年でした。

それはさておき、水力発電では水が落ちる勢いでタービンという羽根車を回します。発電というのは基本的にタービンをぐるぐる回して発電します。水力だったら高いところから水を勢いよく落として、その水の勢いでぐるぐる回します。ほかのものは、水を沸かしてお湯にして、お湯から出てくる蒸気の力でぐるぐる回します。発電というのはぐるぐる回すのが基本的です。一応それだけ知ってもらえばいいと思いますが、発電はたいていタービンで「くるくる発電」というふうに私は呼んでいます。ちなみに富山県の黒部川には何個かダムがあって、タービンがいっぱい付いていて、黒部川１本で原発１基分の発電ができます。

２０１５年、東京から富山まで北陸新幹線が開通し、その途中の宇奈月《うなづき》というところに駅ができました。宇奈月というのは宇奈月温泉で有名ですが、実は黒部峡谷の入り口です。だから宇奈月で下車すると、黒部峡谷トロッコ電車というのがあって、それに乗ると黒部峡谷に入って、うまくすればダムが見れます。みなさんも黒部川を見て、この黒部川１本で原発１基分の電気が出せるんだということに思いを巡らせてほしいと思います。

ここの水力は原発１基分ですが、常に動いているわけではありません。あくまでもピーク発電、つまり野球でいうと補欠というかベンチにいる人です。でも、それは交代要員ではなく「加勢」要員です。たとえば夏のむちゃくちゃ暑い日、気温が40度を超えて、エアコンをガンガン入れます。そのとき折しもタイミング悪く高校野球の決勝戦みたいな日、みんなエアコンの効いた部屋でテレビをつけまくるじゃないですか。そのときの需要はすごいでしょう。こういうピーク需要のときは普通のベースラインでは賄いきれません。そのときに活躍するのが水力によるピーク発電なのです。

水力はなんと、ゼロからマックスの発電、すなわち原発１基分までたった15分で準備できます、たった15分です。原発は、ゼロからマックスまで１日かかります。だから、原発はピーク対応できません。ピーク対応ができるのは水力のみです。水力は、そういうピーク対応させるためにあるのであって、ベースラインには入れられないのです。野球でいえば指名打者、ピンチヒッターです。ここぞというときに来てほしいので普通は出せませんが、ピークのときに活躍してほしいというのが水力です。

つまり普通はベースラインがあります。いまは原発が少ないのでほぼ火力オンリーです。石油・石炭・天然ガスしかありません。このベースラインのときに、たとえば夏、暑い日にピーク需要が発生したらピーク発電をしますが、この部分を水力で対応します。こういった電力の需要と供給のアンバランスが現実問題としてあるので、水力はそのアンバランスを補うためにあるということを一応知っておいてください。

東京電力原発トラブル隠し問題

ここからたぶん5分ぐらいはかなりオフレコモードで。ヤバい話をします。２００３年の夏を東京のみなさんがどこまで覚えていらっしゃるか、私は知りません。２００３年の夏、みなさんは何歳でしたか。何をしていましたか。２００３年の夏、日本では特に関東地方、首都圏ではすごいことがあったのです。「原発のない夏」があったのです。

このことをいまマスメディアは言いますか、言わないんですよ。「原発のない夏」を私たちはとっくに経験しています。乗り切っています。では、なぜ２０１１年のあのときだけ「計画停電」とか言ったんですか。おかしな話です。そのおかしさを、いまから話します。

２００２年に新聞沙汰になりました。本当は西暦２０００年に内部告発があったのですが、原子力安全・保安院に対して東京電力刈羽原発の職員さんが内部告発したのです。ところが、原子力安全・保安院はそれを黙殺しました。

その人はアメリカ人でした。アメリカ人が執拗に告発して、しまいには外部にバラしました。それで嫌々２００２年になってようやく、東電もそれを認めざるを得なくなったのです。

２００２年にありました「東京電力原発トラブル隠し問題」です。トラブル隠しをして、原子力安全・保安院も新聞沙汰になっちゃったので、これは放っておけないということになって、いまだと原子力規制委員会、昔の原子力安全委員会が出てきて、東電の原発は全部停止です。全部というのはおかしくて、危ないものは停止して、あとはいわゆる定期点検です。放っておいても止まるはずだった定期点検と併せて全部止まった、ということです。それが２００３年です。

２００３年４月15日から全停です。そして２００３年は全停のまま夏を迎えました。東電には火力発電所（火発）がいくつかありますが、当時稼働中の火発では足りないので横須賀火力というものを復活させました。

そのとき横須賀火力はもう止める方向にありました。これからはどうせ原発でいくんだから、日本は火力発電所はやめるんだからと。原発1本でいくんだから火発はやめますという流れに乗っているので、もう止めています。

でもこの年、2003年の夏ばかりはヤバかったので、横須賀火力を、瞬間的に復活させて何とか乗り越えました、その夏は。ところが、その夏を乗り越えた次の2004年から、なんと、これをつぶし始めたのです。なぜでしょう。はっきりとは誰も言っていませんが、深読みすれば、「原発がなくても大丈夫じゃん、横須賀火力が加わってくれれば」という、そんなことが公になったらもう原発は要らないという世論が沸き上がってしまうから、この際つぶしちゃおうという悪意があったのではないかというのが私の推察です。

もちろん、この2003年の「原発のない夏」以前に、横須賀火力を長期的に10年ぐらいかけてゆっくりとなくしていくという計画はあったのです。とっくにそういう計画はあったんだけれど、2003年の「原発のない夏」を経たあとは、普通だったら、またこういうことがあるかもしれないから残しておこうと思うじゃないですか。それどころか加速ですよ、つぶしが。誰がこの絵図を描いたのか。

この表は、たぶん日本人の多くが見たことのない表です（次頁）。横須賀火力で何があったかを示しています。横須賀の久里浜《くりはま》にある横須賀火力発電所、ここには火発が8基、ガスタービンが2基で、全部で10基ありました。

さあ、これらの10基に何があったのでしょう。1号機、2004年に廃止です。2号機

東京電力横須賀火力発電所（久里浜）

1号機	1960～2001停止～2004廃止///
2号機	1962～2004停止～2006廃止///
3号機	1964～2010停止～2011再開
4号機	1964～2006停止～2011再開
5号機	1966～2010停止//
6号機	1967～2010停止//
7号機	1969～2010停止//
8号機	1970～2010停止//
1号ガスタービン	1971～2010停止～2011再開
2号ガスタービン	1993～2010停止～2011再開

2003年夏
東電の原発17基
全停の電力危機

も２００４年に停止して２００６年に廃止。でも、２００３年に首都圏の夏を救ってもらったんでしょう。なのに２００４年に廃止ですよ。

３号機は２０１０年に停止しました。でも、２０１１年に再開。なぜでしょう。もちろん「３・11」のあと困ったからです。これはまあ、よしとしましょう。２０１０年に停止したんだけれど「３・11」があったから再開しました。これはいまでも動いています。

４号機、２００６年に停止しましたが２０１１年に再開。これも同じ理由です。５号機、２０１０年停止です。６号機も７号機も８号機もしかりです。停止しっぱなしです。では、なぜ２０１１年に再開しなかったんですか。これを再開しないで何が「計画停電」ですか。

１号ガスタービン、これは一応２０１０年に停止したあと再開しています。２号ガスタービンも再開しています。だから再開が4基あって、停止しっぱなしが4基、廃止が2基。これが現状です。

この現状を見て、少なくとも2011年の段階で「計画停電」とか言う前に、この再開にもっと必死こいてもよかったのではないか。だから「原発屋さんというのはよほど横須賀火力を再開したくなかったんだね」と思っちゃう。

これが横須賀の真実です。横須賀の2010年、2011年の話はさておいても、2003年には原発がない夏があった。その夏は乗り越えた。それはなぜかというと、いったん停止したものの火力のいくつかを復活させたからです。でも、そこで頑張ってくれたものたちを、2004年あたりからガンガンつぶしている。これは全部、公開されている事実から取りました。秘密の事実は1個もありません。だからその気になれば、マスメディアだってこんなのわかるんですよ。でも、そんなつまらない話はこの辺でやめて、あとは楽しいお話にしようかなと思います。

太陽光はいちばん大きなエネルギー源

「太陽光」の楽しい話をします。何と言っても太陽光はお天気任せ、お天道さん任せなので、夜は使えません、冬は弱いです、雨が降ったら使えませんというので、太陽光は不安定の代名詞になっています。こんなものがベースライン発電できるわけがないよと。でも、太陽光がベースライン発電できる可能性があります。このことをみなさんに知っていただいて、どんどん「太陽光できるぜ」と言ってほしいのです。「やっぱり太陽光は使えない」ではなくて、「使えるようにしようよ」と。

なぜならば、太陽光はいちばん大きなエネルギー源だし、むちゃくちゃ安定しているからです。あとは夜・冬・雨、そんなものを克服しちゃえば何とかなる。ではどうやって克服するかという話を、きょうはこのあとじっくりとご紹介したいと思います。

太陽光＋燃料電池

「太陽光あるいは太陽熱では無理だよ」というのが従来です。従来というか、太陽光や太陽熱を否定したい人たちは絶対そう言います。あと、カネがかかると言う。カネがかかる理由はまったく違う理由からきています。あとで言いますが、カネがかかるという理由は、本質論から外れた言い訳みたいなものです。

ここで私が言いたいことのテーマは「電力の平準化」、でこぼこを平らに均《なら》しましょうということです。「電気は生もの」というのは呪いです。これはみなさんもさんざん言われてきて頭の中に刷り込まれていると思います。電気は生ものだから、24時間３６５日安定的に使うためには、24時間３６５日安定的に発電せねばならぬという、発電プレッシャーがかかっています。これが電力における最大の呪いです。「安定した発電」プレッシャーです。

でも、これが嘘だとわかったら要らないんですよ、発電プレッシャーは。先ほどもご紹介しましたが、基本的にはベースライン発電を火力と原発でやってきました。いま日本はほぼ火力オンリーです。これに対して、ピーク需要に対してピーク発電をしますが、これは水力で対応してきました。

ところで、どうすればこういう平準化をはかっていくことができるのか。需要側、ユーザー側はもちろんでこぼこがあります。夏の暑い日にエアコンをつけて、テレビで高校野球を見るというピークは絶対あります、使う側には。でも供給側のほう、つまりエネルギー生産側のほうではこれを平準化できます。できるという話を、これからゆっくりと説明していこうと思います。

太陽光は不安定さの代名詞だと言いました。でも、太陽光は平準化できます。それは、燃料電池との組み合わせによってです。単純な話です。みなさんも燃料電池という名前は知っていると思います。何か聞き覚えがあるなと。太陽光も聞き覚えがありますよね。燃料電池も聞き覚えがある。この組み合わせによって世界が変わるのです。

この太陽光と燃料電池の組み合わせがうまくいってベースライン化できちゃえば、もう太陽光で行けます、ということを申し上げたい。

ちなみにいまあるエネルギー資源には、石油、天然ガス、ウラン、石炭、どれもすべ

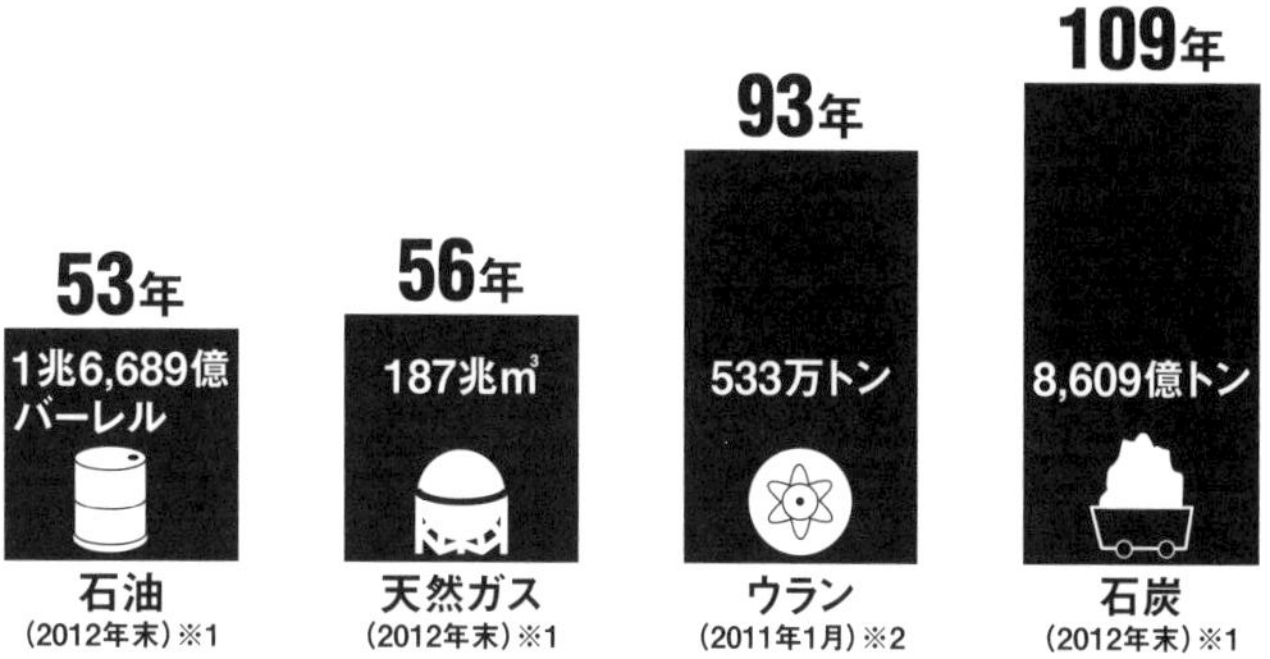

（注）可採年数＝確認可採埋蔵量／年間生産量
ウランの確認可採埋蔵量は費用130ドル／kgU未満
出典：※1／BP統計2013　※2／OECD・IAEA「Uranium 2011」
図版：関西電力（一部改変）

エネルギー資源の確認埋蔵量（可採年数）

て限りがあります（上図）。シェールオイル、シェールガスなどの新たな資源の発見によって、あと200年は大丈夫とか、いろんな景気のいい話はあります。とは言っても、どうせ限りはある。

人間にとって事実上限りがないのは太陽です。太陽はあと50億年続く。これが嘘か本当かは別にして、とにかく太陽は事実上ずっとあるということを考えれば、太陽光がいちばん安定的だということ。そして地球に降り注ぐ太陽光のエネルギーを考えたら、人間がちょこまか掘るものよりも、桁違いに大量のエネルギーが地球に降り注いでいます。それを利用しない手はないよねということです。

太陽光発電が世界を変える

いろんなものを挙げます。代替エネルギー

とか、再生可能エネルギーとか、自然エネルギーとか、いろんな表現があります。「地熱」、「メタンハイドレート」、あるいは「バイオマス」、生ゴミを発酵させてメタンガスを回収するとか、デンプンからバイオエタノールをつくるとか、そんな話です。

それらはいずれも景気がいい話だし、すでにプロジェクトは動いています。けれども私が懸念しているのは、これらはどれも現状維持なんですね。現状維持であって、これらによって世界や社会は変わらないと思っている。いまと同じだと。

私がなぜ太陽光に着目するかというと、太陽光は社会や世界をも変えるからで、そこに期待があるんです。地熱、メタンハイドレート、バイオマス、私にとってこれらは二番手かなと思っている。一番手は太陽光です。私は大事なことを最初に言っちゃう人間なので、太陽光のほうを先に言います。

太陽電池の誤解

ということで、きょうの話は電気をどうやって新しい方法でつくろうかということで、キーワードの一つは太陽です。太陽から私たちのもとには光と熱が来ます。みなさんは太陽光しか頭にないかもしれないけれど、太陽熱というのもあるのです。それから、きょうの話は水が原料です。水から水素をつくります。いったん水素さえできれば、あとは何とでもなる。つまり「水素社会」です。ですから、きょうは「太陽」と「水」と「水素」の

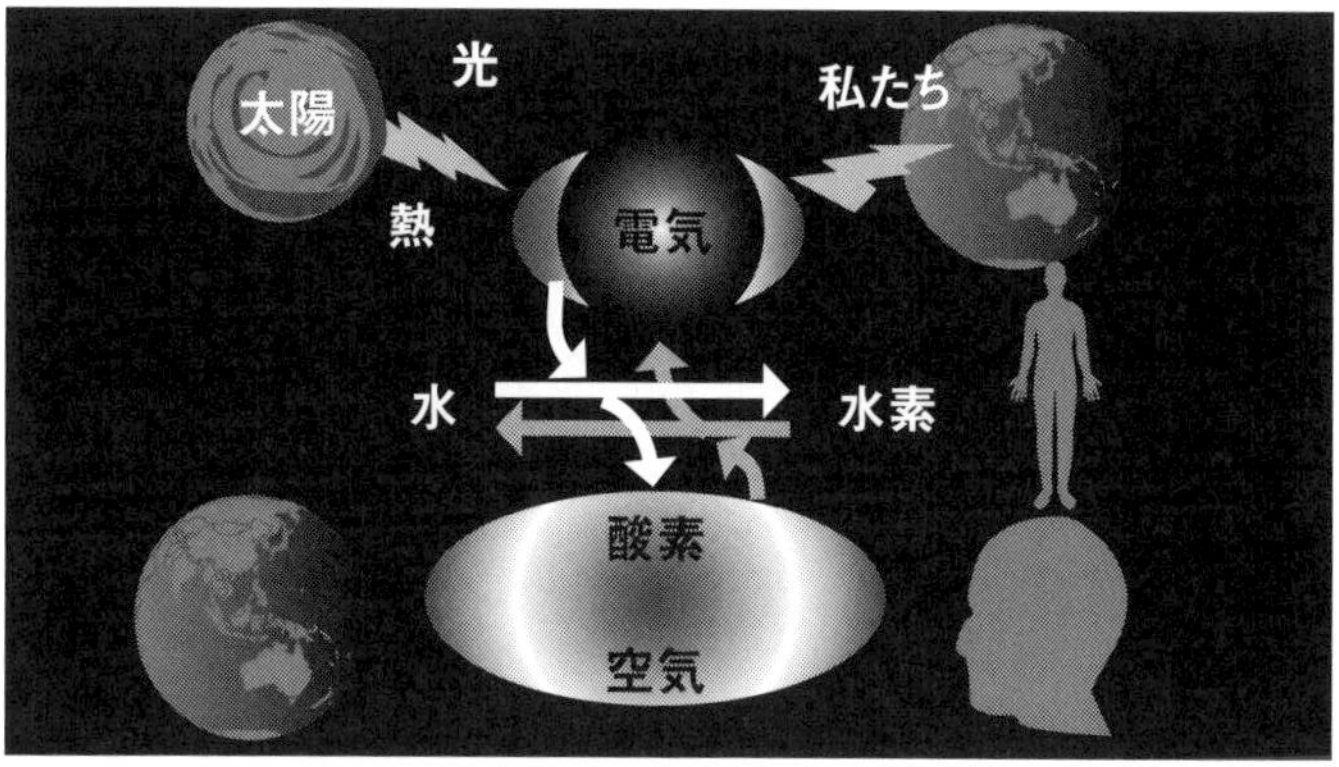

話になります。
　まず「太陽光」。太陽光はわかりやすいと思うので、ここから始めますと、太陽光で電気がつくれます。太陽光で電気をつくるメリットはCO_2が出ないことです。太陽光発電といって、英語では通称ＰＶと略します。フォトボルタイクス(photovoltaics)でＰＶです。日本ではＰＶというのはあまり使われていませんが、英語の世界ではＰＶです。太陽に限らず何でもいいから光で発電することを、フォトボルタイクス（ＰＶ）といいます。でも太陽光がメインなので事実上ソーラーです。
　みなさん、もしかしたら太陽電池とかソーラー電池というふうに思っていませんか。電池という名前がつくからすごい誤解がある。あれはいわゆる電池ではありません。そこに電気を貯めていません。電池というと、ふつう電気が貯まっているものを思うけれど、貯まっていません。太陽電池ははっきり言っ

て発電機です。光を当てると発電します。それだけです。だから、太陽電池というよりも、「太陽発電機、光発電機」と思ってください。しかも、その発電からCO_2が出ません。物を燃やさないので。これはとても環境にやさしいですよね。

宇宙ステーションは太陽光発電

これが典型的なソーラーパネル（上図）、いわゆる太陽電池とか太陽光パネルとかソーラーパネルといわれるものです。このパネルによって太陽光を受けてここで発電します。太陽電池といわれつつ電気は貯めません。発電オンリーで、蓄電はしないのです。

発電した電気は、「生もの」なので保存が利きません。ここで発電するやいなや使わねばなりません。太陽が雲で覆われて曇ったら、パッと発電は止まります。むちゃくちゃ不安定です。そのことはよく知っておいてください。これは光が当たれば発電し、陰れば消えます。電気を貯めません。これが現実です。

ただ、晴れも曇りもない、あるのは昼と夜しかないという世界もあります。たとえば宇宙、宇宙は曇りがないので、計画的に昼の時間、夜の時間が決まっているのです。はっきり言って宇宙ステーションの動力源は実質的に太陽光発電だけです（**口絵7**）。宇宙ステーションでは火力発電はやっていません。宇宙ステーションでは燃料電池も導入しようとしていますが、いまの宇宙ステーションはやはり太陽光発電がメインです。なので、太陽光パネルの修繕、あるいは取り付け作業を頑張っているのが宇宙ステーションの現状です。

宇宙飛行士の若田光一さんは船外活動、いわゆる宇宙遊泳をやりましたが、それは何のためかというと冷却装置の不具合があって直していたのです。宇宙空間においては実はこういった太陽熱を受けながら発電するのですが、冷却装置が止まっちゃうと宇宙ステーションの中の温度がどんどん上がっちゃうんです。太陽光で温まっちゃうんです。昼間は２００度ぐらいになっちゃう。

夜の側に回ると寒いから、どんどん宇宙空間に（放射により）熱を捨てます。いわゆる放熱です。ですから宇宙ステーションにおいて一番の問題は放熱です。地球の表面にいると（熱伝導による）放熱は簡単です。たとえば空気に熱を伝えて捨てるとか。でも、宇宙空間には空気がないので（熱伝導による）熱の捨てようがないのです。宇宙空間での大問題は（放射による）熱の捨て方です。そのための冷却装置が壊れちゃったので、若田さんが船外活動をして直していたというわけです。宇宙ステーションでも太陽光発電はガンガンやっています。宇宙においては、熱源にもなる太陽光が非常に重要なエネルギー源になっ

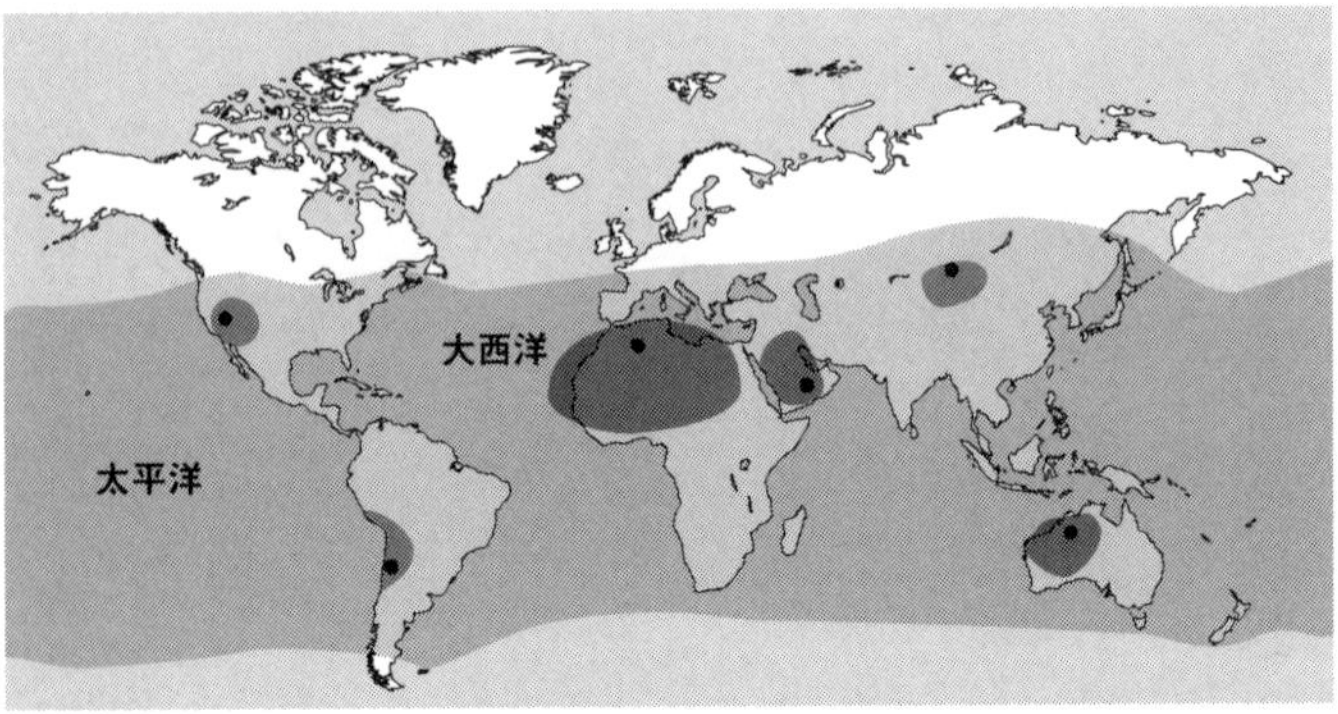

太陽光発電の可能性の予想図

ているのです。

　地球においては、北極・南極のように太陽光が非常に弱い場所もあります。北極や南極では下手《へた》すると1年のうちのかなりの日数、太陽が昇らない連続夜、あるいは極夜という日が昇らない日もあります。そういうところに比べると、赤道を中心とした辺りは太陽の光がたくさん来るということで、太陽光発電の非常によい候補地になります。

　ここに太陽光発電の可能性の予想図を描きました。黒丸がいくつかありますね。全部で6地点かな。この6地点にいわゆるメガソーラーをつくってガンガン発電する。たった6地点の合計で18TW（テラワット）できます。これは、ここの地域の昼と夜、曇りの日数も計算して、それから太陽光発電の効率、電気になるのは受けた光のたった8パーセントなので、それを考慮した数字です。

この6地点にメガソーラーをつくって、その合計が18テラワット。これはいま地球上の人間が使用している全電力です。たった6地点で賄えるのです。あとは、電気は生ものなので、この生ものの電気をどう分配するかです。これがネックですね。これを本当にやるのかやらないのかが問題なのです。ちなみに実際、砂漠において試験は始まっており、そういった実証試験に基づいてこういった予測をやっています。

そして、さらに面白いのは「サハラソーラーブリーダー計画」です。サハラ砂漠は、もちろん1年の大半が晴れです。サハラ砂漠にソーラーパネルを置いてガンガンに発電しまくろうと。

サラハ砂漠のもつ可能性

サハラ砂漠は年がら年中晴れです。そこで昼間のうちにガンガン発電し、その電気でもって何かをします。何をするかというと、発電装置の再生産、つまりソーラーパネルをつくるのです。

ソーラーパネルの原料はシリコンです。シリコンは実は原料が砂です。砂漠というのはシリコンの原料の山。だから砂漠でガンガン発電して、その電気を使ってソーラーパネルを再生産しまくろうと。だから自己増殖的に自分で自分をつくりながら、サハラ砂漠をソーラーパネルでガンガン埋めちゃう。それで有り余ってつくられる電気を輸出しちゃおうという話です。

この話の中では、電気をそのまま外に輸出しようとしています。それはなかなか難しいことです。電気は生ものだし、長距離送電すると必ず送電ロスになるから、外に出すのは難しいんだけれど、この計画はそこを考えています。それを突破する話をあとでします。こういったサハラソーラーブリーダー計画のような具体的な話もあるんですよ。これが太陽光発電の現状と言ったらいいいか、今後10年以内に起こる話の一例です。これからたぶんいろいろな話が出てきます。

ということで、いまは「光」の話をしたけれど、太陽にはもうひとつのエネルギーの形、すなわち「熱」があります。光とともに熱も使えるので、こっちも使っちゃおうというのが「太陽熱発電」です。前半はここまで。後半は太陽熱発電の話もします。

水素燃料電池が世界のエネルギー危機を救う！

宇宙太陽光発電

「太陽熱発電」の話に入る前に、「宇宙太陽光発電」について少し触れておきます。

宇宙でも太陽光発電はできます。それも数少ない方法で地球の表面に送れますけど、むちゃくちゃ効率が悪いです。宇宙でつくった電気は、宇宙ステーションなり火星基地なりで使ってもらうのが一番いい。

あとで太陽光発電したその電気を缶詰にして世界中に輸出する話をしますが、ちゃんと輸出できる術があったほうがいい。いまは宇宙から地球に輸出する術が、なくはないけれど効率が悪いので、実用化はたぶん22世紀です。ただ、宇宙エレベーターができちゃえば、もうちょっと早いかもしれないですね。大林組さんに頑張ってほしいです。２０４０年とか２０５０年にはやるそうで。

で、「太陽熱」です。太陽光発電はソーラーパネルでやりますが、このほかに太陽熱発

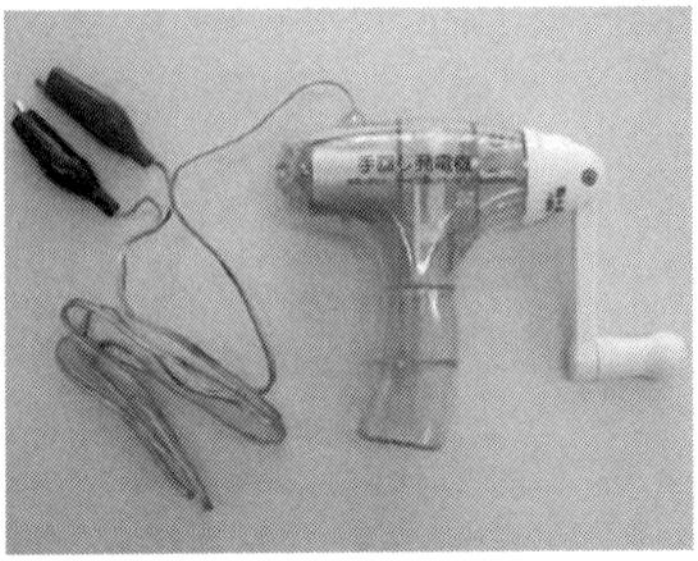

手回し発電機

電というのがあって、英語では、ソーラー・サーマル・エナジー（Solar Thermal Energy）でＳＴＥといわれています。

ＳＴＥ、簡単です。つまり太陽の光を集めてお湯を沸かします。お湯を沸かして水蒸気にして、その蒸気でタービンを回すという、よくある話です。これは実際にスペインにあるものです（**口絵８**）。世界でここにしかないのではなくて、世界中にいっぱいあるんだけれど、これはほんの一例です。この太陽熱発電所はスペイン語で「ヘマソラール（Gemasolar）」、太陽の宝石といいます。ヘマというのは英語でいうとジェム（gem）ですね。

たくさんの鏡があって、鏡で反射された光が集まって熱を発生し、その熱をうまく持ってきてお湯を沸かします。簡単に言うと、熱でお湯を沸かして、水蒸気でタービンを回す。こういうのを全部「汽力発電」といいます。汽車の汽です。水蒸気でタービンを回して発電するものは全部、汽力発電です。そういう意味では、火力発電も、原発も、地熱発電も、みんな汽力発電です。太陽熱発電もその一つです。

タービンを回すのに、水蒸気を使うか、あるいは直《じか》に水が落ちてくるのを使うかの違いなので、水力発電もタービンをくるくる回す発電だから同じです。「手回し発電機」もそうです。蒸気タービンでなくても、手回しでも私が呼ぶところの「くるくる発電」なので、「くるくる発電」という意味ではこれも同じです。みなさんもたぶん災害時用のラジオとか懐中電灯を買っていると思いますが同じです、「くるくる発電」ということでは。

私もこの「くるくる発電」を持っていますけれど、携帯を充電するのでさえ大変ですよね。5分間ぐらい思い切りやらないと携帯を充電できないので、本当に災害時に使えるのかなと思うけれど、まあ、ないよりはましだと思います。先ほども出ました水力発電も、もちろん水の力、高いところから落ちてくる落差を利用した水の勢いでタービンをぐるぐる回すから、「くるくる発電」の一つだと思います。

発電というのは基本的に、何でもかんでも「くるくる発電」と思って結構です。先ほど申し上げた太陽熱もそうです。熱でお湯を沸かします。風力なんかは、そのまんまです。風車をくるくる回して発電です。バイオマスあるいはバイオ燃料というもの、みなさんが家庭で生ゴミ処理機を使うとメタンガスが発生する、そのメタンガスを燃やして水を沸騰させるということです。地熱もしかり、地熱で水を沸騰させます。

「波力《はりょく》・潮汐力《ちょうせきりょく》」というのもありますね。波の力あるいは潮の流れ、満ち潮・引き潮の力で発電しますが、それも結局タービンです。オルガンとかアコーディオンにある「ふいご」、あれが波の力でバカバカ動く、その空気の力でタービンを回す。だから、あまり安定していないことは想像がつきますが、とは言え、一応、波の力で「ふいご」をパカパカやって、風を送って、風の力でタービンを回すというやつです。

いずれもくるくる回して発電するのですが、太陽光だけは違います。太陽光だけはソーラーパネルで直に発電しちゃうので、どこにもタービンという羽根車はありません。あとはみんな「くるくる発電」で、大差ありません。自転車についているのも、結局タイヤの回転で発電するわけだし、みんなこの「くるくる発電」だと思っていたらいいです。

実験「水の電気分解」

ここからは、太陽光をどう私たちが使っていくか、太陽光で発電した電気を、電気の缶詰にして世界中に送れる、あるいは保存できるための基礎的なお勉強をしたいと思います。

私にとっては超簡単な話です、水の電気分解です（左頁）。水にプラスとマイナスの電極を差して、そこに電気を流すと、水素と酸素が発生します。水というのは、そもそも水素と酸素でできています。電気を流すと、それが元の形、水素と酸素に戻るというだけの話です。

つまり、水に電気を入れると水素が発生します。このあとの話で大事なのは水素です。同じように発生する酸素がありますが、もともと空気の20パーセントは酸素なので、酸素のほうはもう空気中に捨てます。身の回りにいっぱいあるので酸素は空気中に捨てます。欲しいのは水素オンリーなので、水に電気をぶち込んで、発生する水素をゲットしましょ

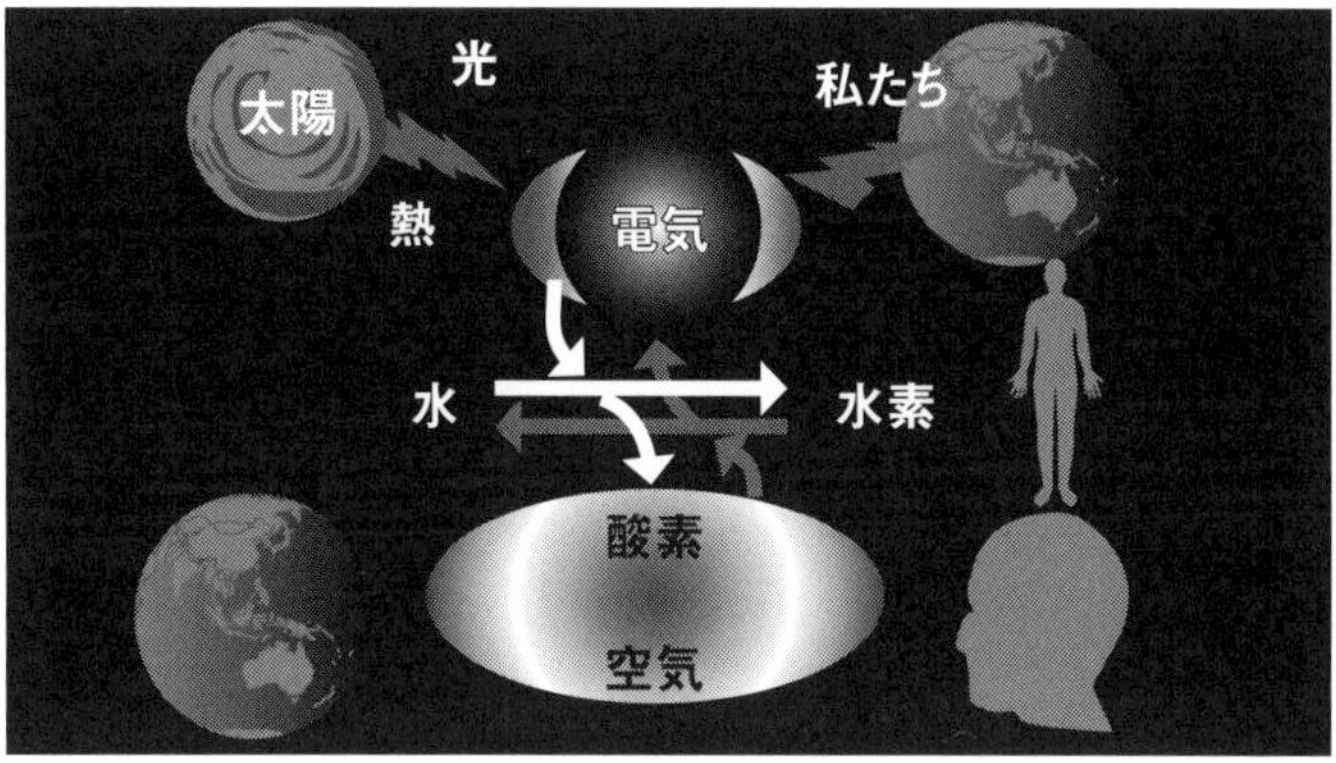

水の電気分解

うという話です。実際に見てみましょう（次頁）。

いま画びょうが2個コップの底にあります。それぞれの画びょうがプラスとマイナスの電極になります。このコップに水を張って電気を流します。

画びょうがいい案配に電極になりました。もう水からガスが発生しています。プラスの側からは酸素、マイナスの側からは水素が発生します。ガスの発生量の多いほうが水素、少ないほうが酸素です。2対1です。もうマイナスとプラスの電極からガスがそれぞれ発生している。水の電気分解というのはこんなものなのです。こんなに簡単に水が分解して、水素と酸素に分かれるのです。マイナス側からは水素ガスH^2が発生して、プラス側からは酸素ガスO^2が発生しています。ちょうど2対1です。なぜならば、H^2O、Hが2でOが1でしょう。だから2対1なんです。水素が2で、酸素が1です。

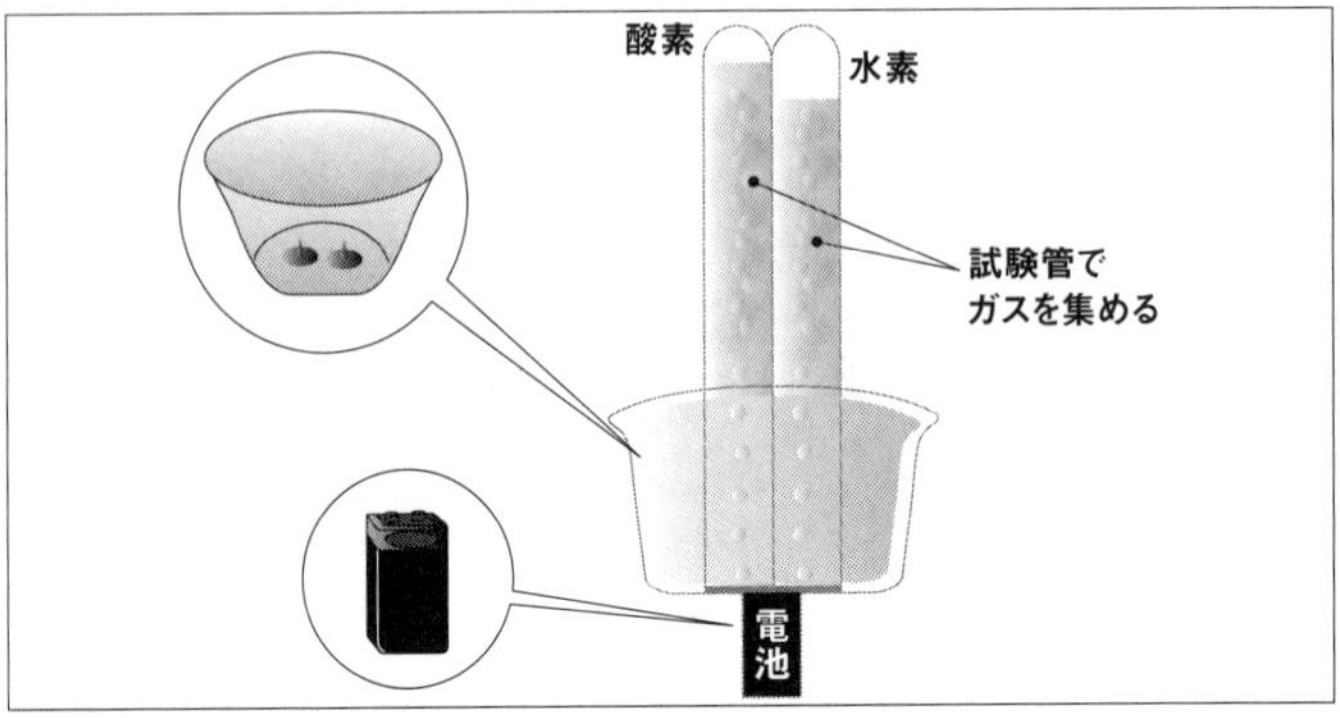

画びょうを使った実験

ということで先に進みます。これが水の電気分解です。こんなシンプルな実験はない。極めてシンプルです。カップに画びょうを刺しました、電池に乗せましたというだけ、これが素晴らしい。みなさんもたぶんすぐにできる話なので試しにやってみてください。これで水素と酸素が発生するので、火をつけるとボンといきますからね。べつにたいした話ではない、かわいくポンと言うだけです。

いまやった実験には水があります、水はH_2Oといいます、ここに電気を入れると水素ガスと酸素ガスが発生しました。酸素ガスは普通に空気中にあるからこれは捨てます。私たちは水素ガスだけが欲しいのです。水に電気を入れると出ますと。

非常にシンプルな原理です。この実験では電池を使いましたが、ここに太陽光発電であれ、太陽熱発電であれ、太陽に基づく発電でつくった電気を入れる。電気は生ものだから貯められませんし缶詰にで

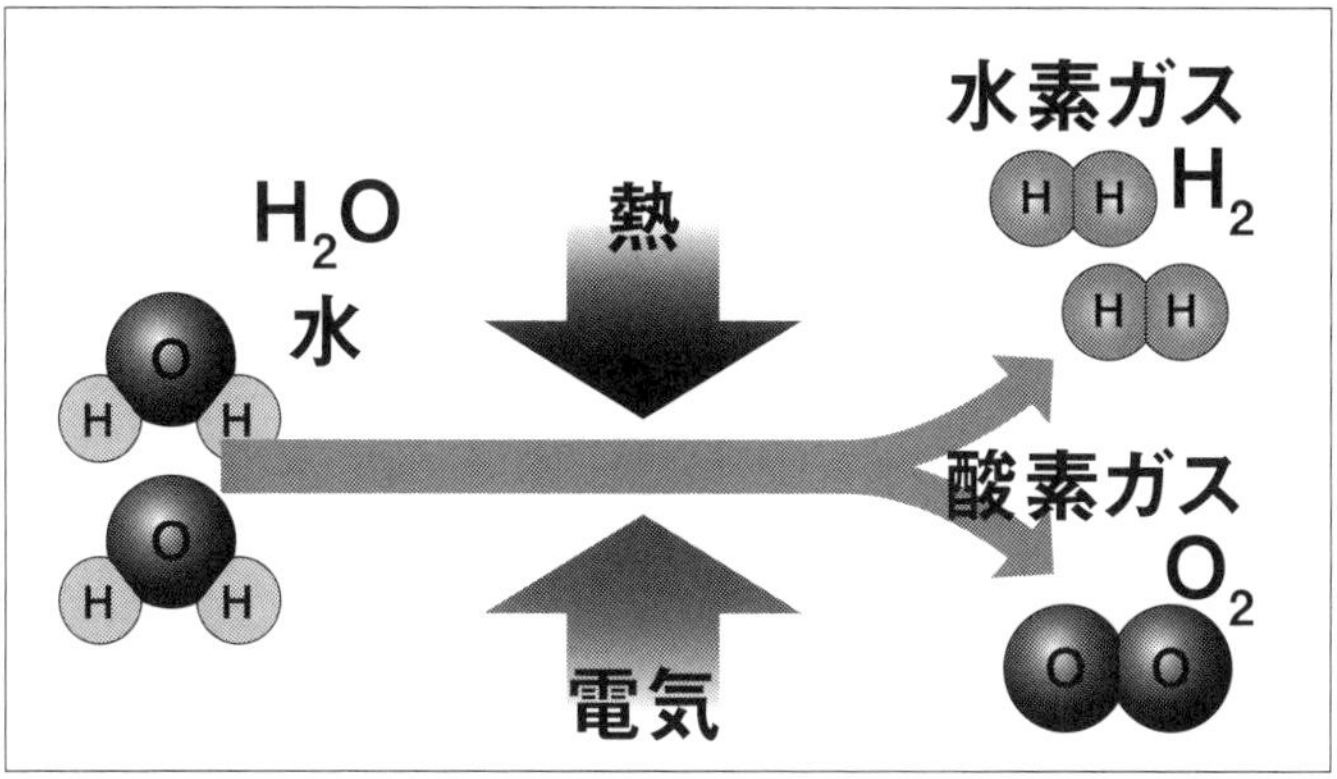

きませんが、水素ガスは貯められます。だから簡単に言うと水素の缶詰をつくろうよということです。

水素から電気をつくる

水素の缶詰をつくって、あとはどうするのか。水素というと危ないイメージですよね、爆発するとか。それをどうするんですかということです。水の電気分解、このことはもうおわかりですね。太陽光あるいは太陽熱で発生した電気をすべて水の電気分解に投入して水素の缶詰をつくるんだと。電気そのものはこれ以降はもう使いません。太陽光で発電した電力をすべて水素ガスに変換し、いったん水素の缶詰にして、保存・保管・輸送します。

さて、水の電気分解で、水に電気を投入して水素を得ました。だったら、逆に水素を突っ込んだら電気は出るのかという疑問がわきますね。答えは「出る」です。水素から水ができます。電気もできます。

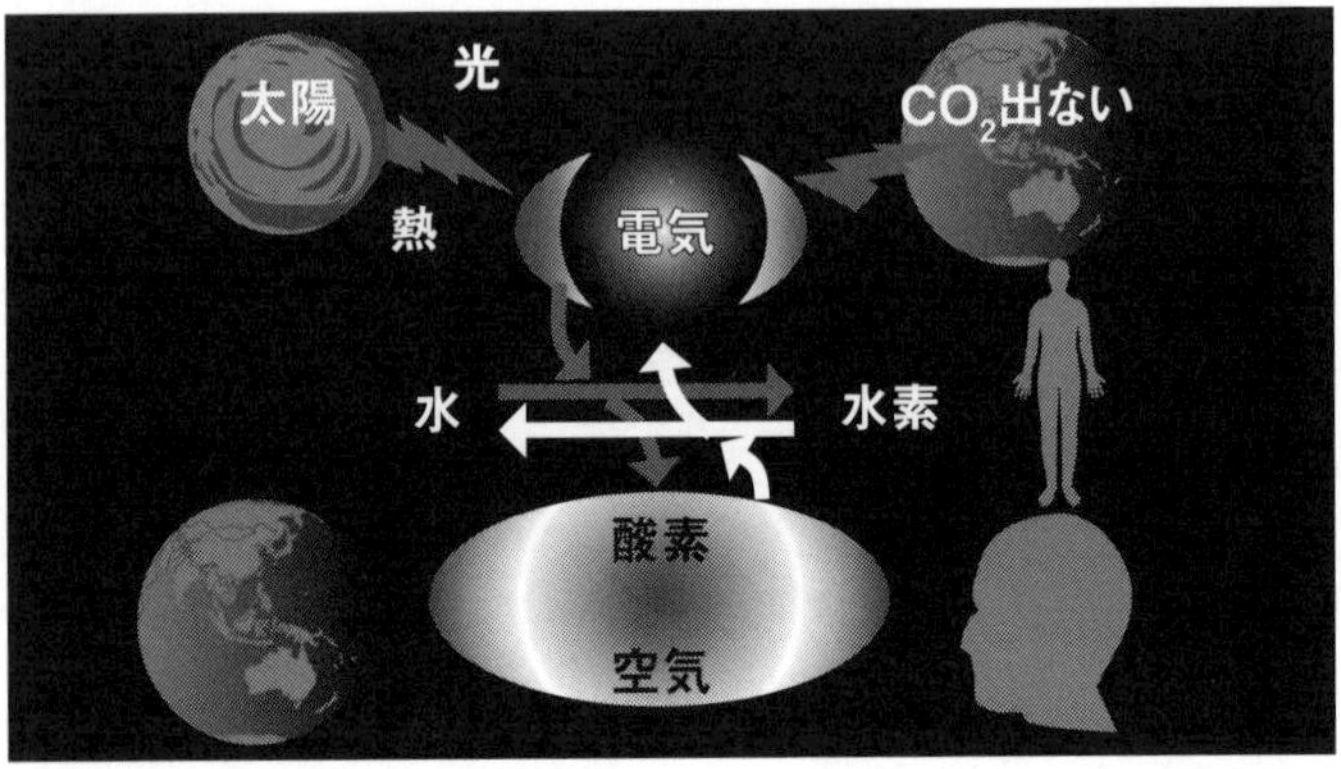

燃料電池（水素で発電）

そのとき酸素も投入する必要はあるけれど、酸素はどうせ周りの空気に20パーセントあるんだから、空気を入れればいいので、これは何も考える必要はありません。

酸素に関しては普通に捨てればいいし、空気を使えば酸素は入ってくるので、ここは考えません。水素と酸素が結びつくと、水になりつつ電気を発生するというのが、実は燃料電池なのです（上図）。燃料電池も、先ほどの太陽電池、ソーラー電池と同じように、いわゆる電池ではありません。燃料電池というと、みなさんは電気を蓄えるものと思うかもしれないけれど、実は燃料電池は発電機です。水素と酸素を結びつけて電気を発生する発電機なのです。

先ほどの水の電気分解では、水が水素と酸素に分かれました。でも、それをするためには、電気エネルギーを投入しなければなりません。電気エネルギーを投入すると水が水素と酸素に分かれるということは、逆に水素と酸素を結びつけると電気が発生します。つまり等価原理、あげた分だけ返ってくるのです。

しかも、ここでは、電気は発生するけれど地球温暖化ガスである二酸化炭素CO_2は出ません。燃料電池とはすなわち水素で発電する発電装置です。本当は水素と酸素が要るんだけれども、酸素はどうせ空中にいっぱいあるから放っておいて、私たちが供給するのは水素だけです。

だから、水素の缶詰を一回つくってしまえば、こんどは水素の缶詰から欲しいときに欲しいだけ電気を取り出せるのです。生ものであるはずの電気を、水素という形にしてしまえば、いくらでも保存し、輸出できる。こうして「水の電気分解」と「燃料電池」の組み合わせで話は完結します。

水素を宇宙へ

実際、宇宙ステーションでは、ソーラーパネルでいま太陽光発電をやっていますが、宇宙ステーションも燃料電池による発電をやろうとしています。なぜなら、水素と酸素で水ができるんですよ、電気ができるんですよ。

宇宙ステーションには人が住んでいます。だから酸素は絶対に持っていく必要があります、呼吸するのに必要ですから。

では、水は持って行くのか、高いお金をかけて。高いお金をかけて水を持っていくくらいなら、〝水の素《もと》〟である水素を持っていこうと。水素なら軽いからいくらでも持っていけます。水素ガスを小さな容器にギューッと縮めて運べるので、そういう形で水素はいっぱい持っていけます。それで水素と酸素を反応させれば水ができるし電気もできる。宇宙ステーションにピッタリです。

ということで、宇宙ステーションもいよいよ燃料電池を検討する時代になりました。燃料電池というか水素発電機は、いままでは小型で安いものがなかったから、まだあまり普及していませんが、これからはどんどん出ます。これが普及し始めたら、そして太陽光発電と電気分解が合体したら、世の中がガラッと変わるということをちょっとご紹介したい。

燃料から水素を得ている現状

宇宙ステーションの話では、燃料電池で水素発電して出てくるのは水ですからCO_2は出ない。ここまではいいですね。

もうちょっと言いたいのは、いまの燃料電池です。実は、いまあるものではCO_2が出てしまうのです。いまあるものも確かに水素で発電するのですが、水素のもとは何でしょうか。私はさっきから「水の電気分解」と言っています。これはある意味で理想形です。

実は、この理想の形はまだ実用に至っていません。だからこそ私は言っているのです、理想的だからこれをやろうと。

　では、いまはどうやって水素を得ているのか。いまはなんと燃料から水素を得ています。つまり天然ガスとか都市ガスから水素を得て燃料電池で発電しているのです。ここに都市ガスや天然ガスがあるのならそれを燃やせばいいじゃないですか。それを燃やして普通に火力発電をやったほうがいい。でも、いまは燃料から水素を取り出して、水素の缶詰をつくって燃料電池をやっている。

　これはもともと燃料なのでCO_2は出ます。しかも化石燃料だから京都議定書によって「CO_2排出量」としてカウントされます。人間がCO_2を出しても、カウントされるCO_2と、されないCO_2があるのです。その辺に立っている木を切って燃やしても、そこから出るCO_2はカウントされません。天然ガス・都市ガス・石油・石炭を燃やして出るCO_2はカウントされます。だから２０２０年までに20パーセント削減という話は全部石油・石炭・天然ガス・都市ガスの話です。そういうものから水素を取り出すと、残りはCO_2ですし、もちろんカウントされます。

　いまの燃料電池は、仕組みとしては私の理想形に近いけれど、水素の供給という意味においては理想からはほど遠い。具体的には、都市ガス・天然ガスにはメタンガスとかプロパンガスとかエタンガスとかブタンガスが入っています。これらのガスの分子の図で、真ん中の黒丸が炭素（カーボン）で、周りの白丸が水素です（次頁）。このガスから周りの

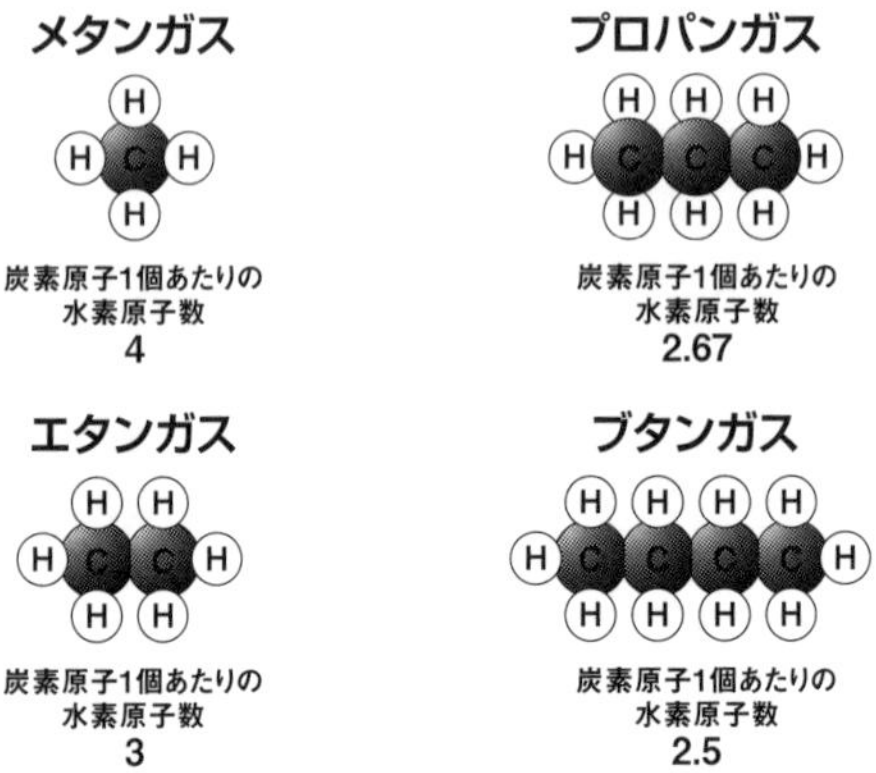

都市ガス・天然ガスの成分

白い丸、水素だけを取り出して、水素の素にするというのがいまの方法です。これでいま世の中は動いています。動いているけれど、残ったカーボン（C）はCO_2になっちゃうので地球温暖化防止には役に立たないねと。

そもそも、燃料ガスから燃料電池をつくるという発想がおかしいというか、それでこれは却下したいところですが、現状の燃料電池はこの方法で動いています。でも、私が理想とする燃料電池は、この方法とはまったく違うと何度も申し上げました。あくまでも、水の電気分解から水素を得るということです。メタンガスとかプロパンガスから水素を得るのではなくて、あくまでも水の電気分解から水素を得ましょうと。この電気分解の電気の素は、太陽光発電か太陽熱発電です。

難題「水素の保存方法」

仮にこの方法で水素が出たとします。「保存」はどうするか。大問題です。実は２０１７年７月の段階でこれは解決していません。だから、これはまたあとで立ち返ります。「水素の保存方法」、これは大問題です。いい方法がありません。でも、ここがブレークスルーできたら一気に世界が変わる。

さあ、水素の保存をどうするかの問題はありますが、とりあえずそれはさて置いて、現在ある燃料電池について言います。たとえば燃料電池自動車（ＦＣＶ）です。これは燃料電池と言うものの、いわゆる電池ではありません。燃料電池は発電装置なので、これは言ってみれば自家発電自動車です。水素を投入してスイッチを入れ、キーを回せば自家発電します。これは言ってみれば、自分で発電しながらモーターを回す電気自動車です。ただし、いわゆる電池ではありません。発電装置です。もちろん電気自動車なのでCO_2は出ません。

すでにわれわれは電気自動車の経験はありますよね。あの有名な某ハイブリッド車です。われわれはもうガソリンと電気のハイブリッド車に乗っているので、モーターで動く車には慣れています。そのモーターを、いまのハイブリッド車はリチウム電池で回しています。でも、これからは電池ではなく発電装置で回します、という話がすでに進んでいて実用化されつつあります。

この車はガソリン車ではないんですね。ガソリンの代わりに水素が要るのなら、水素ステーションとか水素スタンドが要るんですが、すでに東京の有明、お台場の辺りの有明水素ステーションや大阪水素ステーションなどがあります。

手の平サイズの超小型燃料電池

世の中はそっちの方向にもう向いていています。これからは、ガスステーションやガソリンスタンドの代わりに、水素ステーションが街中にどんどんできてくるでしょう。われわれ普通の人はそこに水素の入れ物を持って行って、水素を入れてもらうのです。いまの電気自動車は「充電」です。これからの自動車は、水素を「充塡」するのです。

水素を買いに行く、あるいは御用聞きの人が来て、「はい、水素持って来ました」「ちょっと入れといて」みたいな。「水素充塡します」という、こういう社会です。あるいは、われわれの家庭にガス管が来ているように、もしかしたら水素ガスが直で来るかもしれない。これからは充電の代わりに水素の充塡の時代かもしれません。

実際、これはわれわれの日常生活に入りかかっています。たとえばこれです（右上図）。これはいまある中では超小型です。こんな超小型の燃料電池も近く実用化されます。燃料電池といっても発電装置ですから、ここに電気は溜まっていません。水素が入って初めて発電します。「その水素はどうするの」「水素ステーションで買ってください」と。

たぶんコンビニでも売るようになると思います。コンビニで水素が充塡できるかもしれない。そこからです、社会が一気に変わるのは。コンビニに水素が入ったらすごく変わると思います。

直流発電と交流発電

どう変わるか、話はまだまだ続きます。私が言いたいのは従来の、というか、いまある大規模発電。火力発電所・水力発電所・原子力発電所はみんな大きいでしょ。しかも、そういうものは街中にはありません。火発はやや近いけど本当の街中にはないから、ある程度の距離の送電が必要です。

発電は正直言って、さっきのくるくる手回しでもいいしタービンでもいいですが、くるくる発電は直流・交流、両方できます。だから、これはどっちでもいいのです。では何百キロも遠くへ電気を送るときには、交流がいいのか、直流がいいのか。

みなさんにいま交流・直流の違いをいちいち言いません。簡単なことは、みなさんはスマホを持っている、携帯を持っている、パソコンを持っている、家に帰ればテレビがある、冷蔵庫がある、あれは全部直流です。だから、みなさんがスマホだ何だと持って行くときには必ずＡＣアダプターが必要になります、あの面倒なやつです。あれを忘れると充電できないでしょ。

従来の大規模発電

直流／交流発電
↓
交流送電
↓
交流給電
↓
AC アダプター
↓
直流機器

未来の小規模発電

直流発電
↓
直流送電
↓
直流給電
↓
直流機器

パソコン、テレビ
冷蔵庫、エアコン

なぜかというと、家庭のコンセントは全部交流です。私が使っているパソコンは直流なのに、コンセントは交流だから間にＡＣアダプターが必要なのです。交流の送電って正直言って私は面倒です。家庭にあるテレビだ、冷蔵庫だ、洗濯機だ、中身をばらすとＡＣアダプターの嵐です。ＡＣアダプターがなければ、どれだけ小型軽量化できるか、どれだけ無駄な熱を発生しないか、ひいてはどれだけ電気代が安くなるか。あの無駄な熱を発生する電気代を私たちは払っているのです。

　家庭のコンセントに来ているのが交流なのが私は不満なのです。つまり、家庭内の送電は給電というのですが、交流給電です。発電元は直流・交流どっちでもいいんです、正直言って。「くるくる発電」はどっちでもいいんだけれど、送電と給電が交流なので、私たちはＡＣアダプターという面倒くさいものを持たないとならないのです。

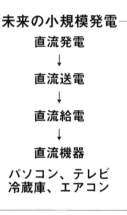

太陽光発電が高い理由

さて、未来の小規模発電と、従来の大規模発電に対してあえて言いました（右頁）。これから燃料電池が各家庭に入ってきます。自分の家の中で発電します。燃料電池はちなみに直流発電です。太陽光発電も直流です。家の中で発電するので、短い距離だから直流送電でいいです。コンセントに直流で来ているので、電圧を合わせれば、そのまま使えます。ＡＣアダプターは要りません。

嘘だと思うかもしれませんが、これは本当の話です。ちなみに一般家庭の太陽光発電も直流発電しています。でも、一般家庭で発電した電気を使うときに、みなさんはどうするか知っていますか。屋根にパネルをくっつけて発電したものを、いったん家庭の交流の中に入れなければならないのです。直流を交流に変換するのです。直交変換といいます。あるいは太陽光発電をして、自分が使わない分は電力会社に売っていいですよと。売電ですね。これによってたとえば20年でペイするところ電力会社に売れば10年ぐらいでペイできますという話になる。

でも、電力会社に売るときには変な決まりがあって、安定的に供給しなければならないから、電圧が変動するといけないから、安定的に供給するために電力会社が指定したこの直交変換器が必要ですと。これが高いんですよ。これが「太陽光は高い」ということの理由のひとつなのです。

よく「太陽光は高い」といいますが、それは本質論ではありません。つまり太陽光で直流発電したものが、そこのコンセントに直流で来て、われわれが直流で使えれば何の問題もないんです。直流発電、直流給電、直流で使う。ところが交流に変換するところが高いのです。

このことをよく理解してほしい。太陽光発電には何の罪もないのです。本質的には太陽光とカップリングした燃料電池、直流発電がいいのです。太陽光も直流発電で、燃料電池も直流発電で、送電・給電全部直流で、最後のコンピューターもスマホもテレビもみんな直流。いいんですよ、これで。

エジソンvs.ウェスティングハウス

ところが、いまから130年ぐらい前に電流戦争というのがあったのです。電気の父といえばエジソンですが、エジソンにはライバルがいました。ウェスティングハウスという人です。この人が始めた、ウェスティングハウス・エレクトリックという会社があって、後に原発をつくった会社はその後裔《こうえい》です。

エジソンは直流送電を主張しました。ウェスティングハウスは交流送電を主張しました。結局、ウェスティングハウスの勝利に終わりました。なぜならば、長距離を送電するときには、交流のほうがロスが少ないからです。そのせいで交流が選ばれました。ただ、エジソンはニューヨーカーなので、ニューヨークはエジソンに肩入れして、つい最近まで直流送電をしていました。最近は負けて交流になりましたが。

日本の場合は、東日本が50ヘルツ、１秒間に50回ビビッとやる交流で、西日本は60ヘルツです。これが人間の心臓の鼓動と妙にシンクロしちゃって、50ヘルツだ、60ヘルツだという交流に触ると心臓マヒで死ぬのはそのせいだと言われています。一方、直流だと１０0ボルトくらいの電圧なら、ショックはあるものの、その程度なら死に至らない、と。だからエジソンは交流送電を「殺人送電法」と言いました。

エジソンとウェスティングハウスのケンカはものすごくて、エジソンが口汚くウェスティングハウスをこき下ろします、「この殺人者め」とか。実際に死刑の方法として電気椅子というのがあります。アメリカでは電気椅子が多いです。その導入に熱心だったのがエジソンです。電気椅子はもちろん交流です、直流では死なないので。交流の電気椅子を導入して死刑をさせて、「ほら見ろ、交流は殺人者だ」と。エジソンもけっこう嫌味なんですが、結局、直流交流戦争があって交流が勝ちましたということです。

「電力の地産地消」

いま動いている電車はモーターなのでもちろん直流です。電車の会社は交流で電気を買いながら直流に直しているのです。でも、東京のＪＲ東日本やメトロはすべて直流です（一部交流モーターもあり）。自分のところで発電所を持っているから、直流発電して、直流送電して、直流で動かしています。これを「直流電化」といいます。東京ならＪＲでもメトロでも発電所から使うところまでの距離が短いので、短距離だったら全然問題なく直流電化でオッケーなのです。

つまり、どこか遠くに発電所をつくったら送電ロスがヤバいけれど、その辺の近場に発電所をつくればいいので。そして、その辺の近場に安全・安定的な発電ができるのは太陽光と燃料電池なんですよ。これだったら家庭でもどこでもできますから、すべてが短い距離の発電で終わります。

ちなみに先ほど言った長距離の話をすると、鉄道総合技術研究所、これはＪＲ中央線の国立《くにたち》の駅のそばにあります。そこにＪＲの研究所があって、ここで超伝導を使って長距離直流送電の実験に成功しています。だから交流送電はいずれ終わるかもしれません。そうすると、そこに来ている電気も直流になるから、いま使っている電気機器、テレビ、冷蔵庫、洗濯機、みんな買い替えが必要かもしれなくて、家電業界には神風ですね。消費税前の駆け込み需要どころじゃない。それをはるかに上回る神風が吹くと思います。

これは鉄道みたいな、たとえば「のぞみ」が走るとか、「ひかり」が走るという話だけれど、そもそも燃料電池とか太陽光発電のような家庭的な小規模発電なら、短距離送電になるのでもともと直流でいいわけです。これからは、中央集権的だった発電が、地方分権的に各家庭とか会社とか学校でできちゃう。「電力の地産地消」みたいになっちゃう。そうしたら直流ですべて終わるんです。ということが、また世界を変える話につながります。

石油の代わりに水素を輸出

太陽の光でもいいです、熱でもいいです、太陽のエネルギーを利用して電気をつくる。太陽の光と熱を使えばCO$_2$は出ません。向こう50億年間、大丈夫です。「電気は生ものだけれど、電気分解という技を使って水素にしちゃえば、水素の缶詰にした上で燃料電池ができます」というのが私の主張です。

実際に太陽光発電が砂漠にあるし、スペインでも太陽熱発電があります。太陽光でも熱でも、どっちでもいいんです。発電して水の電気分解で水から水素をつくる。簡単につくれます。水から水素をつくったら、水素だけをゲットして缶詰にします。そして缶詰にした水素を、あとで自分の好きなときに、好きなタイミングで、好きなだけ燃料電池で再発電する。

つまり「電気は生ものなので保存できない」という、あんな呪いは終わるのです。ベースライン発電もできます。昼間、砂漠でガンガン水素をつくって、その水素を溜めておけばいいのです。それで、砂漠ではないところで夜にでもその水素を燃料電池に入れれば発電できるんですから、簡単に平準化できます。「電気は水素にすれば保存できる」、これが主張です。電気を水素の缶詰にして保存する。

そして石油の代わりに水素を輸出する。サハラ砂漠の国々、あるいはアラビア半島の国々は、いまでこそ産油国です。でも、もう石油の生産ピークは過ぎています。あとは、石油がなくなるのをジワッと待つのみです。だからいま、彼らの国々はものすごくビビッています。石油がなくなったあとどうしようと。

でも、彼らにはすごい資源があります。太陽光です。太陽光でガンガン発電して、ガンガン水を電気分解して水素をつくって、その水素を輸出すればいいのです。石油の代わりに水素を輸出する。輸出に使う車も船も水素で動く。何の問題もない、完結しています。実はもうその方面では2015年は「水素元年」と言われたほどです。

問題は、水素の貯蔵には難問があることです。これは最初のほうでちょっと申し上げましたが、水素の貯蔵はいまこの瞬間では問題があります。安全性、長期安定性、それから合金に水素を閉じ込めますので、合金そのものが脆弱化する。こういった問題があるので、ここを克服しなければ、私がいま言った話はそれほど大きく進みません。私のいま思い描いている夢を現実のものにするためには、水素の貯蔵、この難問を突破するしかありません。これは本当に難問だから、「日本あるいは世界の科学技術の粋を集めて解決すべし！」と。人間の未来はここにかかっているのです。

水素を閉じ込める合金の劣化問題を何とか解決しようというのが、私たち人間の共通の課題だと私は思っています。

メタンハイドレートの可能性

こんな本があります。モスクワ在住の国際関係研究家・北野《きたの》幸伯《よしのり》さんが書いた『日本自立のためのプーチン最強講義』です。突如政界を引退したプーチンが隠居場所に選んだのは日本だったという半ノンフィクションです。具体的には東京・後楽園にある柔道の聖地・講道館です。そこで相談を持ち込む矢部首相に、たぶん某安倍首相だと思うのですが、プーチンが秘策を与えるというわけです。

プーチンが言うには、「日本は自立せねばならない。自立の根本は食料で、とりあえず日本人は米を食っていればいい。日本の自給率でいちばんヤバいのはエネルギーだ」と。日本のエネルギー自給率はたったの4パーセント、96パーセントは輸入に頼っている。この状態では、いずれアメリカとか中国、ヨーロッパ、ロシアの言いなりにならざるを得ません。「そうならないためには」とプーチンが説くのです。この本は半分フィクションで、このフィクションの中でプーチンが説くのがこれです。

日本の周りの海底にはメタンハイドレートがあるでしょうと。海底をほじくればメタンがあるでしょう。それから微生物石油。オーランチオキトリウムとかミドリムシとか榎本藻という微生物を使えば、ガンガンに油をつくるでしょう。微生物を使った産業は日本のお家芸だから、是非やれと。

メタンハイドレートに関しては、違った観点で言うと、メタンは化石燃料なので、これを燃やして出てくるCO$_2$はカウントされます。だから京都議定書のほうには役に立ちません。ただ、安いメタンガスが手に入るということはあります。それから微生物石油、これは非化石燃料なので、これを燃やして出るCO$_2$はカウントされません。

オーランチオキトリウムはどうでしょうね。たとえば日本の田んぼで使っていない休耕田でオーランチオキトリウムを培養しまくれば、日本は油を輸出できるようになるという話もあります。このあいだ民放の某番組で台本にそう書いてあって、そう言わされました。それからミドリムシ、これは何回も私はいろんなバラエティ番組で言っていますが、これも油をつくります。これがつくった油、あるいは榎本藻という藻でつくった油が、一部飛行機のジェット燃料の一部になっています。

だから、つくっている会社としては、「私たちのつくった油で飛行機が飛んでいます」と言うわけです。でも、実際にはごく一部です。それがだんだん増えていって、オール100パーセントのミドリムシ油で飛行機が飛ぶ時代が来るかもしれないけれど、それが近未来かどうかはわからないです。まあ、長い未来にはあるかもしれない、ということです。

この『日本自立のためのプーチン最強講義』という本を書いた北野幸伯さんは、たまたま私とモスクワの地下鉄で隣同士で座った方でした。モスクワの地下鉄で日本人同士が一緒になるのは珍しいから、「これは奇遇ですね」と言っているうちに、お互いに正体がバレて北野さんと友だちになりました。そういうわけで北野さんの本をいま紹介しています。

この人もモスクワ在住が20数年かな。ソ連が崩壊してロシアになる過程、あのときにもうモスクワにいたので、本当に無一文になったとかいろんな経験をロシアでやっています。面白い経験豊富な人ですから、その彼の経験に基づいた、彼なりのプーチンの解釈があって、プーチンだったらこういう助言をくれるんじゃないかという本です。面白い本です。ぜひ読んでみてください。

そこに「メタンハイドレートと微生物石油が日本を救う」と書いてあります。これを私は否定しません。否定はしないけれど、メタンハイドレート、確かに埋蔵量は素晴らしいです。埋蔵量は、たぶん日本のいまの使い方で行くと、２００～３００年から４００年ぐらい分はありそうです。

ただし、資源の本質は埋蔵量ではありません。資源が資源と呼ばれるためには「濃度」、言葉を換えると「品位」、あるいは「純度」ですが、濃度とか品位とか純度が薄いものがいっぱいあっても資源とは呼ばれません。つまり埋蔵量としてはいっぱいあるんだけれど、それが薄く広がっていたら資源としては使えないのです。欲しいのは、ちょっとでもいいからギューッと集まっているもの、濃度が高いとか、純度が高いとか、品位が高いもの、そういったものを資源というのです。

そういった意味では、メタンハイドレートはこれからですね、資源としての価値が本当にあるかどうかわかってくるのは。太平洋側のほうは意外と資源価値は低いかもしれない。ただ、日本海側、佐渡島の周りは資源価値が高そうだという話もあるので、日本海側でメタンハイドレートが使えるかもしれません。

微生物石油、これは面白いですよ。これはいろいろな遊び方がある。たとえばミドリムシとか榎本藻というのは光合成しますから、太陽の光がなければダメですが、オーランチオキトリウム、これは太陽光線が要りません。これはしばしばマスメディアで「石油をつくる藻」と言われていますが、藻ではありません。光は要りません。暗黒でも育ちます。それどころか、なんと残飯とか家庭排水でも増えます。残飯とか家庭排水を食いながら石油をつくるのですから、これは面白い。光は要りません。

ただ、このへんはまだ研究開発途上なので、これからワサワサといろいろな情報が出てくると思われます。このへんは引き続きウォッチしていきたいと思っています。

【Q&A】

――「最近、ダイオウイカが次々と水揚げされていますが、現在海底では何が起きているんですか」

ダイオウイカの水揚げ報告が増えているのは、単純にダイオウイカが最近ブームだからです。いままでも揚がっています。いままでも揚がっているけれど、漁師が放っておいたのです。ダイオウイカは食ってもまずいので、揚がっても何の感動もないんです。それから地元のメディアに大きなイカが揚がったと言っても、「ああ、大きいイカですか」で終わっていた。いまはダイオウイカと言えばメディアが食いつくので、それだけです。

だからダイオウイカの数はさほど増えていません。それからリュウグウノツカイみたいにときどき深海の生き物がどっと揚がります。深海生物がどっと揚がったら大地震が来るとか言いますけれど、関係なさそうです。ダイオウイカがどれだけ揚がろうと、リュウグウノツカイが揚がろうと、地震とは関係ないと思います。

――「原子力発電について。廃棄物処理のための費用を含めた場合、火力より安いと言えるのか」

確かに原発がないせいで火力で余計に燃料を買って損をしているという話はありますが、原発を維持するのもそうだし、原発から出てくるいろんな廃棄物の処理に、すごいカネがかかるんですよ。

さっき私は日本原子力研究開発機構でゴミの廃棄物のほう、特に「地層処分」に関係してましたと言いましたが、あれは一応予算があります。その予算は税金というわけではありません。みなさんはご存じないでしょうが、みなさんの電力料金に薄く広く乗せられています。地層処分の費用3兆円はこれでまかなわれるのです。でも、3兆円では足りなくて、30兆円という話もあるので、たぶんみなさんの電力料金にこれからも薄く広く乗せられるでしょう。それまで含めた上で「原発は本当に安いの？」という話だと思います。正直言って、私にはわからないですね。

ただ安くする方法はあって、たとえば福島の原発で大量の放射性がれきが出ました。いまもあります。あの放射性がれきをどうするのかというと、「放射性物質汚染対処特措法」（2012年全面施行）があります。

ではどうするのか。特定の法律をつくって、これはこういうところにちゃんと捨てようねと言うんだけれど、いままで科学技術庁時代からいまの文部科学省になってやってきたことを見ると、かつて過去に2回ウルトラCをやっています。ウルトラCというのは、法律を変えるのです。古い法律では、これは放射性廃棄物だから厳重に処理しようねと言ったけれど、量がバカ増えてきて大変だから、法律を変えて基準を下げちゃう。この放射線レベルまでは一般の産業廃棄物でいいですよみたいな。それを過去2回やっていますから、3回目のウルトラCもあるんじゃないかと思います。

そうすると、お金はかかりません。これはだから本当に人間マターです。科学とか自然ではなく人間のマターです。だから、われわれ人間というか普通の人たちが、そこにちゃんとチェックとか目を光らせる必要があるかなと思います。

――「太陽光発電は、日本は他国に遅れていませんか」
若干遅れています。風力はかなり遅れてます。

――「廃炉にした『むつ』の一部分は、日本のどこかにあるんですか」
わかりません。本当に私はわからないのです。

――「立山連峰の氷河、万年雪にも何か生物はいそうですか」
絶対いると思います。あれは標高３０００メートルなので、たぶん何かいます。

――「核融合エネルギーは実現できますか」
できると思います。

――「原発ゼロを目指すためには、ゴミの問題、廃炉の問題に向き合うためにも、原子力研究にこそ優秀な人材が必要だと思いますか。先生のご意見はいかがですか」
このあいだある高校生としゃべったんですよ。高校生がどこの大学に行ったらいいか悩んでいると。仮に大学を選んだとしても、学部をどうしたらいいか悩んでいるというので相談を受けて話をしているうちに、その子の本音が出たんです。

その本音、すごかったですよ。自分は大学に行って原子力工学を学びたいと。特に廃炉を学びたいと。廃炉は学ぶものはないんだけれど、廃炉を研究したいと。そういう高校生がいるんですね、現実に。だから若い人は若い人なりに現実の問題点をよく理解して、それに取り組みたいという人がいることを知って非常に頼もしく思った次第です。

――「振動発電というのを聞いたことがあります。圧とかそういうものの素子を使うと聞いたのですが、これはくるくる発電ではないですよね。効率の問題があるのでしょうか」

身近な例で言うと、百円ライターのあのパチパチパチッという素子、名前は「圧電素子」とか「ピエゾ素子」といいますが、そういう素子があって、振動発電もそれと同じで圧力をかけると電圧が発生します。

クオーツ時計ってあるでしょう。クオーツ時計って、電池が入っているんだけれど、百円ライターの逆で、あの電池の電圧でクオーツに圧力をかけているんです。実はクオーツという石英の結晶に電圧をかけると石英結晶が歪むので、この歪む力（圧力）で針を回しているんです。だから電圧をかけると歪みます。

逆に言うと、歪ませると電圧が発生します。たとえば駅なんかで人間が歩くドシドシドシという力で歪ませて電気を発生する、これは実験的にいま使われていますよね。

歪ませる力で圧電素子に変位を与えて電気を得るというのは確かにある。百円ライターにも使われているしクオーツ時計にも使われているし、これをもっと大規模なレベルで電気を取り出そうという実験もあります。面白い取り組みだと思います。

──「先生にとってのエネルギー源は何ですか」

言わずもがなですね。バイオエタノール、つまりお酒です（笑）。

あとひとつ、私はきょうしゃべっていませんでしたが、「温度差発電」というのがあるんですね。冷たいものと温かいものがあります。ここを電線で結ぶと電気が発生する。これは「ゼーベック効果」と言います。温度差発電。これはむちゃくちゃ効率悪いです。悪いけれど、温度差というのは環境中に結構あるから、簡単に言えば、北極と赤道に線を引っ張ればいい。それはあんまりだと言うんだったら、たとえば太平洋の深海４０００メートルと表面では温度差が30度あります。そこで温度差発電ができる。

これはすでにハワイでやっています。ハワイで実験的にやっている。これが実用レベルになるかというと、ハワイではそれをやっている研究所の冷房に使っています。だから自給自足ぐらいはできます。だから温度差発電というものも将来的にはあり得るかなと思います。たとえば宇宙ステーションの、太陽の光が当たっている側と影の側とか。意外とできるんじゃないかと思います。

第3章

生物学者が見る「人間」

ほ乳類は「愛の動物」

「包」という漢字の意味

きょうは七夕の夜にわざわざお越しくださりありがとうございます。七夕ということもあって、きょうのお話のテーマは、「人間」と書いていますけれども、ただの人間ではなく「男と女」、七夕にちなんでそんなことも話してみたいと思っています。

それでは、早速内容に入っていこうと思います。ちなみに、この場所は大阪ミナミの宗右衛門町《そえもんちょう》ですが、この町の一角に壁に宣伝文句が書いてある変わったビルがありました。「包まぬ豚はただの豚」と建物の壁面に書いてある。

これは何だと思っていたら、このビルは韓国料理屋さんの建物でした。聞けば、韓国料理のサムギョプサルにちなんだものだそうです。要は焼き肉をサンチュというレタスの一種の葉っぱに包んで食べることに意味があるらしいです。粋《いき》というか何というか。肉を葉っぱに包んで食べることに意味があるから、「包まぬ豚はただの豚」となってくるのですが、では「包む」って一体何だというのが私の疑問の始まりでした。包むことにそんなに意味があるのだったら、包むとはそもそも何なんだと。

「包」という漢字ですが、もともとはこういう字でした（左上図）。漢字は象形《しょうけい》文字から発していますよね。この象形文字の「包」という字はもともと何から来たと思いますか。これは女性の子宮をあらわしていて、子宮の中に胎児が入っている様子なんですって。こういったことが包むという字の意味だということを知って、深いなと思いました。

この字を見て思ったんですけど、これを使ったさまざまな漢字がありますよね。たとえば「抱く」という字。てへんがついているから、手でこれを支えるとか守るという意味があるのでしょうが、こういうふうにして見ると、この字がものすごく愛おしく思えてきます。ということで、宗右衛門町は、よい子のみなさんにはあまり風紀がいい場所ではないですけれども、こういった高尚なことを考えるチャンスをもらえてよかったなと思いました。

象形文字「包」

進化発生学

私は胎児の図や写真を見るとすぐにこれを思い出します。生物学者はすぐにこういった図（次頁）を思い出すものなのです。図の右下に人間の胎児がいますけれども、縦方向はお母さんのおなかの中で受

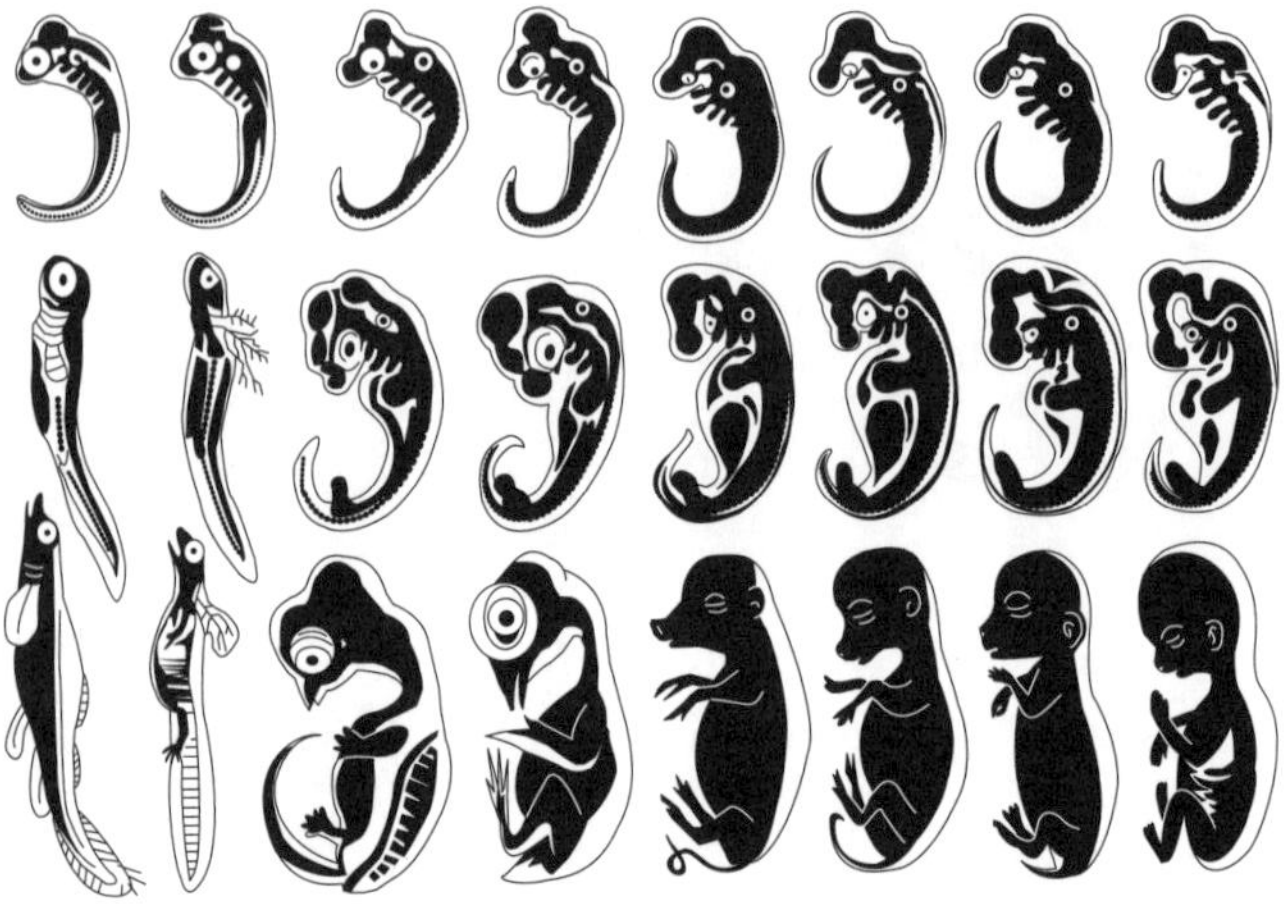

精卵から少しずつ人間の胎児の形になっていくことを表しています。このことを専門的には「個体発生」といいます。別名「胚発生」です。受精してから妊娠期間中に、お母さんのおなかの中でだんだん胎児の形を成していく過程を「胚発生」とか「個体発生」というのです。

この図（上図）は横方向にも連続していますよね。横方向は「進化」を表します。進化というのは私たち生物学の言葉では、「系統発生」とおおむね同じです。何かというと、われわれ人間は魚から進化したんですね。これは魚から人間に至る途中経過のように見えます。

そうすると、お母さんのおなかの中で起きていることは、実は昔あった進化を再現しているんじゃないかという話になって、これを

「反復説」といいますが、こういう説が19世紀に提唱されました。そして20世紀には否定されました。そんなものはただ外見上そういうふうに見えるだけで関係ないと。

21世紀に入って、これが再び復活してきました。もしかしたら本当にそうかもしれないと。21世紀は、こういったいわゆる「発生学」の研究と「遺伝子」の研究、それから「進化」の学問が発展して、よく考えたらこれはあり得るよねという話になりました。確かにお母さんのおなかの中で起きていることは、かつての進化を全部ではないにしても、部分的に再現しているんじゃないかと思いました。そういうことを研究する「進化発生学」という学問分野ができてきました。進化発生学はしばしば「エヴォ・テヴォ」とも呼ばれています。

三脚魚の驚きの繁殖活動

きょうは、まずは「進化の話」からしたいと思います。細かい話をする前にいくつか例を挙げます。私はもともと深海生物学をやっていましたので、深海生物から例をとりたいと思います。

たとえばこれは深海魚の一つで、三脚魚《さんきゃくうお》といいます（**口絵9**）。腹びれが2本ヒュンと伸びて、尾びれもヒュンと伸びて、この3本のヒレでまるで3本の脚のようにスクッと海底に立っている。こういったものを三脚魚といいます。これはチョウチンハダカですけれども、このたぐいのものは、ほかのグループの魚にもいっぱいいます。三脚魚というのはどれか特定の1種を指すのではなく、こういうふうに胸びれと尾びれで立つものはみな三脚魚です。そして、これらにはそうした外見上、見た目の特徴以外にも共通性があります。

三脚魚が海底に立っています。流れが向こうからこっちに来ます。その流れに乗ってくる餌を食べます。その餌というのは、ほかの生き物の死体の破片だったり、あるいは糞だったり、脱皮殻だったり、食べ残し、食べ散らかし、そんなものが流れに乗ってやってくるのをパクッと食べるというのが深海生物の三脚魚です。

深海は、潜水船の光を消してしまうと真っ暗です。真っ暗で何も見えないので暗黒の中でずっと待っているのです。深海は光がないから植物が育ちません。ということは、植物を食べる動物も少なくて、その動物を食べる動物もいません。深海は全体に生き物が乏しい世界なのです。

ということは、餌に出合うのが少ない上にパートナーとも出会えません。でも、深海生物とはいえ、やはり繁殖する必要はあります。パートナーに出会うのを待っているのですが、そもそも出会いが少ない。その少ない出会いを100パーセント確実なものにするために進化した方法があります。私はそれを「究極の出会い系」と呼んでいるのですが、どうしたら100パーセント確実に出会いを成功させられるでしょうか。

逆に言うと、出会いの失敗は同性との出会いです。せっかく出会ったのに同じ性だったらがっかりですよね。理論的には出会いの半分は同性です。半分も失敗したらがっかりです。その半分失敗するというリスクをどうやったら減らせるか、というのが進化です。

この三脚魚の仲間はこんなふうに進化しました。どっちがオスかメスかは出会ってから決める。こうすると100パーセント成功します。具体的にどうやったらオスかメスかが決まるのかというのは、私たちにもまだはっきりわかっていません。

ただ、私たちのいままでの経験から察せられるのは、カラダの大きいほうがメスになる、小さいほうがオスになるのではないかということです。ほかの生き物でよくそういう現象が見られるので、たぶん深海魚、三脚魚もそうだろうと。つまり出会ってから大きいほうが、「じゃあ、私がメスやりますね」と言って、小さいほうが「じゃあ、俺はオスやるわ」と言って出会いが成立し、100パーセントの確率で繁殖活動ができるというのが出会いの少ない深海魚の世界で発展しました。これも進化です。

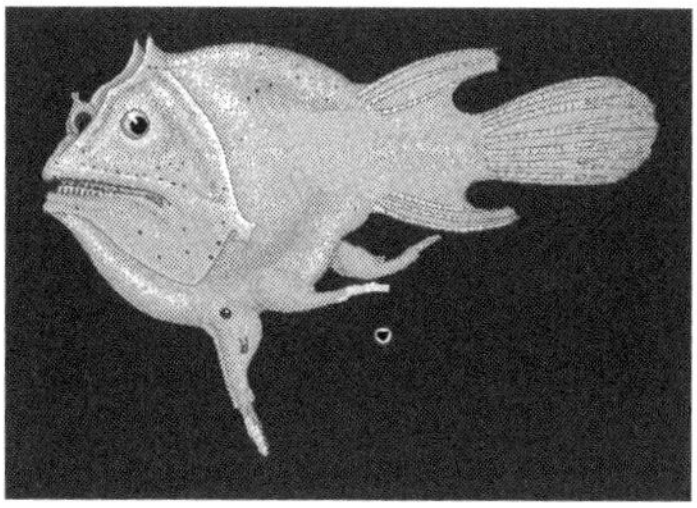

オニアンコウ

深海魚には別の進化もあります。たとえばこれです。これはアンコウです（上図）。専門的にはオニアンコウといいますが、オニアンコウであれ、みなさんよくご存じのチョウチンアンコウであれ、アンコウ鍋に使われているキアンコウであれ、みんなだいたい同じです。

まず、みなさんが普通に見るアンコウはみんなメスです。昔の人は、オスがなかなか見つからないので、オスは一体どこにいるのだろうと思っていました。オスはちゃんとくっついているんだけれど、長いあいだ寄生虫だと思われていたのです。アンコウの場合、オスはメスの10分の1ほどしかありません。オニアンコウで言えば、メスは30センチほどありますが、オスはたったの3センチです。その小さいものがメスにひっついているというのがアンコウのオス・メスの関係です。

オスは大人になってもずっと小さいままで、自分一人では生きていけないので、メスを発見するとメスのカラダにかじりつきます。かじって、そこから体液をチュウチュウ吸うのです。メスの体液を吸って生きるというすごいやつなのです。

メスもよくしたもので、かじられて体液を吸われ始めると、それがきっかけとなって特殊な酵素が出てきます。その特殊な酵素でなんとオスのカラダが溶けるのです。溶けてメスのカラダにどんどん融合しちゃうのです。最後には全部取り込まれます。

ほかのアンコウもそうです。チョウチンアンコウの場合はそこまで激しくありませんが、オニアンコウの場合は、融合してオスのカラダが溶け込んでしまう。でも、精巣だけは残ります。精巣だけ残してオスは消えます。これは魚ですからメスは卵を産みますよね。メスが卵を産むと、それがきっかけになって残った精巣から精子が出るのです。それで受精するのです。

ということは、オスとは一体何なのか。そうです、精巣ですよね。これは究極のヒモで、メスの体液を吸っているうちに自分は溶けてなくなって、あとの役割は精子の提供しかありませんと。正しいですよね、生物学的には。広島弁で言うと「オスなんてタネしかいらんのんじゃ」と。これが深海生物の中のアンコウ系が進化させたオス・メスの関係性です。

このように、進化というのはなかなか面白くて、考えれば考えるほど「それはそうかもね」という方向に行きますよ。

ネオダーウィニズム

進化の話をもうちょっとします。進化のことを最初に言った人、まともな進化論を言った人はダーウィンです。ほかにもいろいろな進化論があったけれど、いまも残っている、いまに伝わる正しい進化論を言ったのはダーウィンという人です。ただ、ダーウィンの時代には、いまから約１６０年ぐらい前ですから、まだＤＮＡや遺伝子がわかっていませんでした。

私たちは、ダーウィンから約１６０年たったいま、ＤＮＡとか遺伝子のことがよくわかっていますので、ダーウィンのオリジナルの考えと新しい遺伝子の考えを組み合わせた「新ダーウィン主義」というものを知っています。英語で言うと「ネオダーウィニズム」と言うのですが、きょうはそれに基づいた進化論、いまこの段階でたぶん正しいと思われる進化論をご紹介します。

たぶん正しくない進化論でよくいわれるのがキリンです。「キリンの首はなぜ伸びたか」という話です。これは20世紀に流行した進化論で、いまだに語られています。新ダーウィン主義、ネオダーウィニズムに基づいてもっと正しいことを言おうと思います。

まずキリンは、元はと言えばこんな生き物だっただろうといわれています（**口絵10**）。これそのものではないですよ。これはいまアフリカのジャングルにいるオカピという動物ですが、たぶんこれに似たものだろうと。キリンとオカピは共通の祖先から分かれました。ただ、オカピのほうが祖先の様子をよりよく残しているというか、より古い感じです。たぶんこれとよく似た共通祖先からキリンが進化したのだろうといわれています。

オカピは、立つと頭の上までの体長が2メートルぐらい、キリンは6メートルです。キリンは首が長いですよね。首が長いのは、首の骨の数が増えたのかというと、そうではありません。首の骨の数は同じです。キリンもオカピも7個です。私たち人間も7です。ほ乳類はみんな7です。犬や猫、豚もみんな首の骨は7個。例外は2つしかありません。2つともナマケモノです。ナマケモノのある種類は8個で、ある種類は6個です。でも、ナマケモノといえどもほとんどは7個です。だから首の骨の数は変わらなくて、むしろ1個1個の首の骨がビヨーンと伸びたのです。

キリンの骨がビヨーンと伸びる遺伝子があります。その遺伝子に突然変異が起きて伸びちゃった。これに関する論文が２０１６年5月に『ネイチャー（nature）』という雑誌に載ったばかりなのでまだまだホットな話題なのですが、首の骨がビヨーンと伸びた、脚の骨もビヨーンと伸びた、それだけでキリンになるかというと、そうではないというのがその論文の主旨でした。

なぜなら、キリンの体高は6メートルです。6メートル上から水を飲むのにビュンと頭を下げて水を飲んで、またビュンと頭を上げるとどうなりますか。貧血ですよ。われわれ2メートルもない人間だって、こんなふうに頭を下げて上げただけで貧血です、フラフラですよ。ではキリンはどうなんだということです。

キリンの場合、なんと首の血管がたくさん枝分かれして網の目のようになっているのです。ものすごい血管の網がある。この血管の網々の部分で血圧の変動が吸収されるのです。つまり頭が急に下がると血もガーッと下がって頭のほうに行く。また頭をフッと上げると血がサーッと下がる。そういう血圧が上がったり下がったりするのをここで全部吸収して、脳のほうにはそれほど大きい変化がないようにしているのです。

つまり血管が複雑に網目状になるように遺伝子も同時に突然変異したんですよ。骨が伸びる突然変異と血管が網目状になる突然変異の２つが同時に起きないと、キリンは出現できなかったのです。個々の突然変異が起きた例はあったでしょう。でも、その場合は頭を上げ下げするたびに貧血を起こして、子孫を残すどころではない。あるいは、無駄に血管の網目があるというのもそれほど成功的ではないでしょう。キリンは、この2つの突然変異が同時に発生したことによって、まれな成功例になったんだろうといわれています。

進化の根本は遺伝子の突然変異

それはさておき、昔のよくある目的論的な説明というのが、私が言った「たぶん正しくない進化論」です。キリンは高いところの葉っぱを食べるために首が伸びました、脚が伸びましたという目的論は私がこれから話す進化論では間違いとされています。

なぜならば、進化の根本は「遺伝子の突然変異」です。遺伝子の突然変異は、目的もなければ方向性もないんですよ。オカピみたいな祖先がいて、これが突然変異で首と脚が伸びました、そんなこと本人だって望んでいないんです。そんな目的はないのです。

こういった突然変異が起きたのは、最初は1頭でしょう。ということは、ひとつの奇形とみなせないこともありません。つまり進化は突然変異的な奇形から始まります。こうなったものが自分の運命を嘆いたり、自分の運命を呪ったりしたら、それは進化というか後に続きませんよね。自分の持って生まれた運命を呪ったり、愚痴ったりせずに、自分はせっかく首が長いんだから、せめて高いところの葉っぱを食べようと。

だって、突然変異していない個体はたぶん低いほうの地面の葉っぱを食べますよ。自分の周りの個体と同じことをしていたら、低い地面の葉っぱを食べることにおいてはきっと負けるので、よりよく生きられないし、より多くの子孫も残せません。でも、高いところの葉っぱに着目したら、より多くの子孫を残せるでしょう。逆に言うと、もしキリンが初めから高いところの葉っぱを狙ったのなら、その気になれば首なんか短いままでも高いところの葉っぱは食べられるんですよ。

べつに首を伸ばす必要はさらさらないんです。でも、キリンは結果として自分が望もうが望むまいが、首が伸びちゃった。それで高いところの葉っぱを食べてみると、これは按《あん》配《ばい》がいいなということで高いところの葉っぱを食べて成功に導かれたのですが、それよりもはるかに大事なことにおいては、とても不利益をこうむっています。

水を飲むキリン

はるかに大事なこととは何でしょう。それは水飲みです。水を飲むたびにこんな難儀な格好をするわけですよ（上図）。もし首のところに網の目のような血管がなければ毎回毎回、貧血に襲われます。こういう難儀なことをしてまで首を伸ばしますか。あり得ないですよ。

というふうにキリンだって別に望んで首が伸びたわけじゃありません。でも、持って生まれたカタチで何とか頑張って生き延びようとしたわけです。せっかく首が長いんだから、高いところの葉っぱを食べれば、多少なりとも按配がよかろうというぐらいです。それでうまく生き延びて子孫を残せました。子孫たちもその方向性で頑張って、キリンという生き物が定着するわけです。これが進化の根本にあるのだということを知ってほしいと思いました。

ほかの動物も同じです。みんなそうです。みんな初めは突然変異です。なぜ自分だけ背中に重たいものを背負っているんだとか。カメの甲羅って外せないんですよ。カメの甲羅は、元々はわれわれのあばら骨、肋骨が前ではなく背中側に広がったものです。

もともとは前にあって心臓とか肺を保護していたものが背中側に広がっちゃったら、おなかには何もないんですよ。背中で肋骨がこんなふうにビラビラしているなんて、これは按配が悪いですよ。按配が悪いのだけれど、そこでグチグチ言わずに持って生まれたカタチで頑張った。

いちばん最初のカメはどうも水中で進化したらしいですね。水中だったらまだやり易い。陸上を這っているとおなかをズルズル擦ってしまうので、あばらがないとどんどん内臓が傷んじゃいます。

つまり、最初のカメは水中だったらしい。そんなこんなで最初はみんな奇形です。でも、持って生まれたカタチで何とか頑張って生き延びたというのが進化の根本にあるということです。

「がんばり遺伝子」

これはみんな頑張ったからですよね。なんと最近わかった話で、「がんばり遺伝子」というものがあるのだそうです。がんばり遺伝子というのは、ひとつのことを飽きずに継続できる遺伝子です。継続できる遺伝子。そういったものがわれわれ人間のゲノムの中にもあるようです。もちろんほかの動物にもあります。そういった「がんばり遺伝子」というものがあること自体、驚きですけれども、そういった遺伝子が力を発揮して、持って生まれたカタチで何とか頑張って生き延びるわけです。

われわれ人間もそうです。生物種としての人間の始まりは20万年前ないし30万年前ですけれども、最初の人間はたぶん突然変異だったんでしょうね。毛がなくて、尻尾もなくて、つるつるしている。なんで自分だけ毛がないんだ、なんで自分だけつるつるしているんだ、みたいなことですよ。それでも持ち前のがんばり遺伝子で私たちに至っているということです。私も含めてみなさん一人ひとりにがんばり遺伝子があるということです。

そのがんばり遺伝子があるだけじゃだめですよ。遺伝子にスイッチが入るか入らないかです。これはきょうの話の最後のほうでやります。いまは、遺伝子にスイッチが入るか入らないかを、われわれが自分で決められる時代になりました。面白い時代ですね。

人間も、元はといえば突然変異で生まれた。望む方向とは違った方向に変化してきた可能性があります。オリエンタルラジオ（RADIO FISH）の「PERFECT HUMAN」が一時流

脊椎動物	魚類	両生類	爬虫類・鳥類	ほ乳類
四肢動物	両生類	爬虫類・鳥類	ほ乳類	
有羊膜類	爬虫類・鳥類	ほ乳類		
ほ乳類	食肉類（ネコ目）	霊長類（サル目）……		
霊長類(サル目)	テナガザル科	ヒト科……		

行しましたけど、われわれは本当にパーフェクトヒューマンかというと、いまの私の話を聞けば、必ずしもそうではないですよね。われわれは必ずしもパーフェクトな方向へ進化してきたわけではありません。どちらかというと、思いもよらない、けっこう困った方向に進化してしまったのかもしれないけれど、それなりに頑張ってきたその果てですよね。ということを改めてここで訴えたいと思います。

「人間の進化」の過程

その「人間の進化」ですけれども、きょうはこんなふうに順を追ってお話ししようと思います。

われわれ人間は、大きなくくりで言うと「脊椎《せきつい》動物」です（上図）。脊椎動物は背骨を持っている生き物です。「魚類」、カエルに代表される「両生類」、「爬虫類と鳥類」、そして「ほ乳類」というのが背骨を持っている生き物ですが、この中から、まず次の段階に行くときに魚類が落ちます。残ったのが、両生類、爬虫類、鳥類、ほ乳類で、これは「四肢動物」、あるいは「四つ足動物」といわれています。鳥は二本足じゃないかと言うかもしれませんが、翼も入れると四つ足だということで四つ足動物、別名「四肢動物」になります。

この四肢動物からさらに両生類が抜け、爬虫類、鳥類、ほ乳類の３つに絞られるのですが、これを「有羊膜類《ゆうようまくるい》」といいます。このへんはややこしいのでまた後でお話ししますが、ちなみに私は「爬虫類と鳥類」を一緒くたにしています。

なぜなら、鳥はもともと爬虫類、とりわけ恐竜の生き残りだからです。恐竜は６６００万年前に滅びました。滅んだけれど、実は恐竜の一部は滅ばずにそのまま鳥へと進化しました。つまり「恐竜は滅んだ」という表現は、ちゃんと言うと「恐竜はおおむね滅んだけれど、一部は鳥に進化して、いま地球の空で大繁栄している」という意味で、私は爬虫類と鳥類を同じにしています。

この有羊膜類、爬虫類・鳥類、ほ乳類から、爬虫類・鳥類を省いたものが「ほ乳類」です。そして、われわれは、ほ乳類の中でも「霊長類(サル目)」というものに入るということがきょうの話の順番です。

それをまとめます。それぞれでテーマを決めました。脊椎動物は「噛む動物」、四肢動物は「直立の宿命」、有羊膜類の「女の宿命」、ほ乳類の「母の宿命」、霊長類（サル目）の「家族の宿命」など、いろいろな宿命がありますけれども、最後に未来のヒューマン「チ

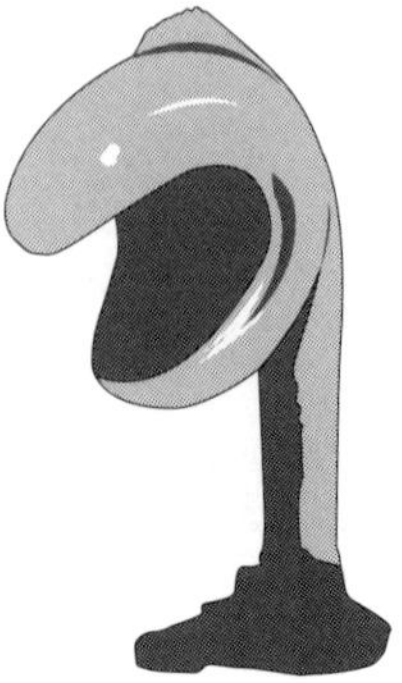

オオグチボヤ

ホヤ（マボヤ）

チメン」ということを提案して終えようと思います。

顎がないヤツメウナギ

最初に「脊椎動物」です。背骨のある生き物ですが、背骨のある生き物の祖先の話からします。われわれ背骨を持っている生き物、脊椎動物の祖先は、おそらく「ホヤ」に代表される脊索《せきさく》動物だと思われています。ホヤは、西日本ではあまりメジャーではないですが、東日本ではホヤを好んで食べます。海のパイナップルと言われるものです。パイナップルみたいなトゲトゲした表面があって、表面はかたいです。でも、かたい殻をむくと、中にやわらかい肉質のものが入っている。その部分が東日本の人には好まれています。

これは種で言うとマボヤという種類です（上図）。このホヤはこれで大人です。ホヤというのはどういう生き物かというと、言ってみればお茶の急須、あるいはティーポットみたいなものです。お湯を入れる部分と出す部分があります。急須もティーポットもそうですが、途中に茶こしがあるでしょう。あの茶こしのフィルターが途中にあります。それで水中のいろんな浮いているもの、漂っているものを引っかけて食べる生き物です。

マボヤからちょっと離れますが、これは深海生物のオオグチボヤで（前頁）、かつて流行したゲームのパックマンに似ているのでかわいい。大きさはだいたい10センチから30センチです。そんなに大きくありません。かわいい深海生物です。富山湾にはこれがワサワサ生えている場所があります。

マボヤに戻ります。このマボヤ、これは大人ですけれども、卵から孵ったばかりのマボヤの赤ちゃんはこんな形をしています（左上図）。オタマジャクシのように見えるので、オタマジャクシ型幼生という名前がついています。このオタマジャクシの尻尾の部分に、将来われわれの背骨になる素があるのです。ここではまだ完全な背骨はありませんけれども、背骨の素になるようなものがここに入っている。その背骨の素になるものを、私たちは専門的に「索」と呼んでいます。こ

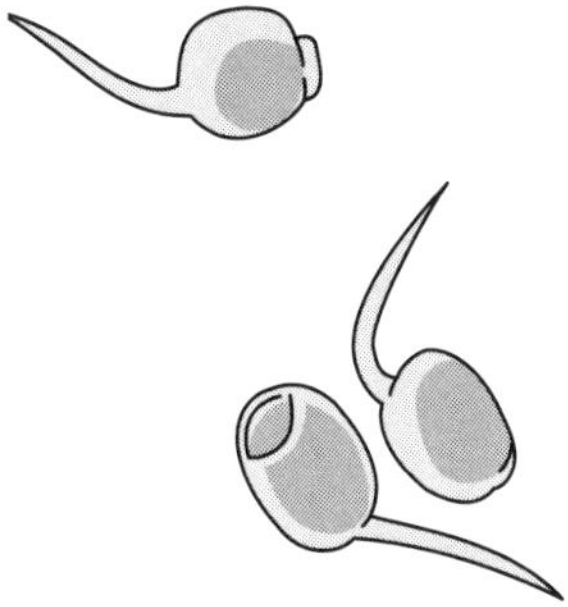

マボヤの赤ちゃん
（オタマジャクシ型幼生）

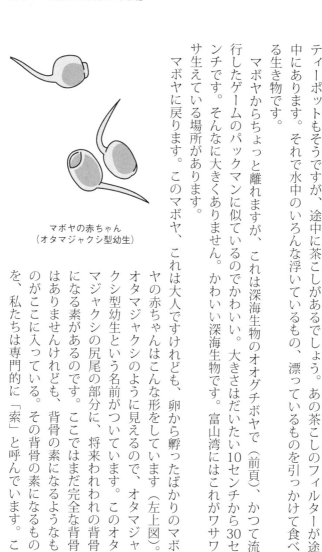

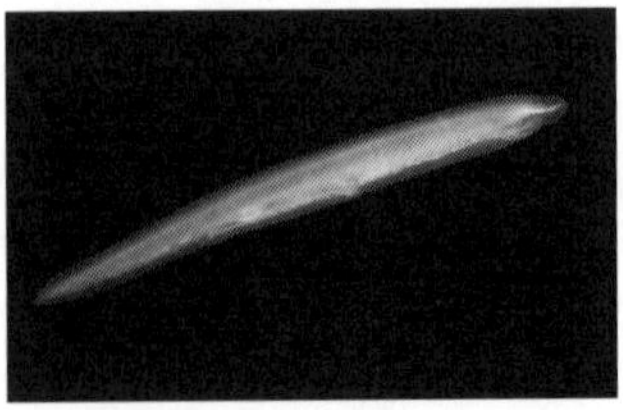

ナメクジウオ

©Hans Hillewaert　出典：ウィキメディア・コモンズ

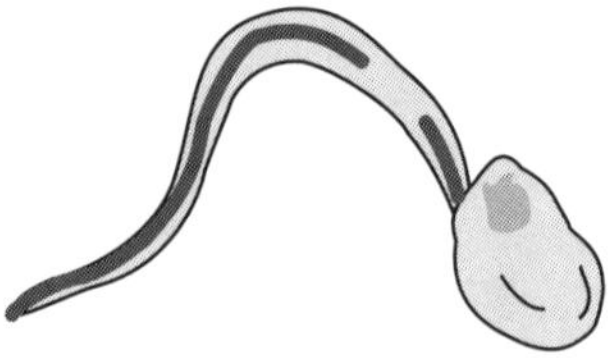

オタマボヤ

の索が尻尾にのみあるから「尾索動物」というのが、われわれ生物学の学名です。

さて、これはホヤの赤ちゃんでしたけれども、赤ちゃんの形のまま大人になってしまったものがいます。それがこれ。これで大人です(右上図)。マボヤみたいな大人にならないで、赤ちゃんの形のまんま大人になってしまいます。名前はオタマボヤといいます。ギャグか冗談に聞こえますが、これで学名です。この部分に将来私たちの背骨になる素があります、尾索です。

そして、将来背骨になる脊索が尾のみならず、進化して頭まで貫通してしまったものがナメクジウオです（左上図）。ウオと名前はついていますが、魚ではありません。この脊索が尾から頭まで貫通してしまっているので、「頭索動物」という学名がついています。

ナメクジウオの大きさは親指ほどの長さしかありません。そんなに大きな生き物ではありません。この小さい生き物の中に、われわれの背骨の原形があるのです。そして、その背骨の原形、このときはまだ軟らかいのですけれども、進化してちゃんとし

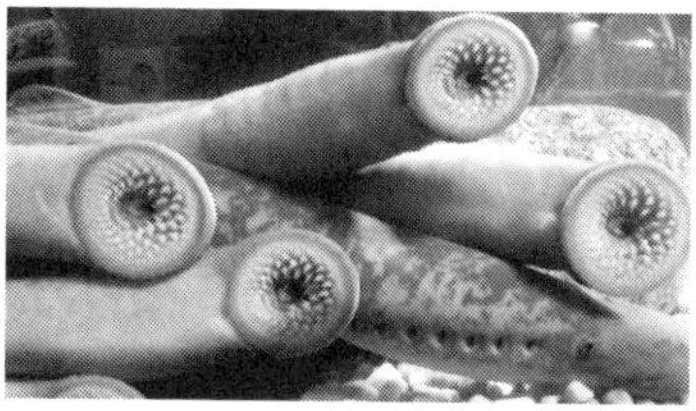

ヤツメウナギの口
©Drow_male　出典：ウィキメディア・コモンズ

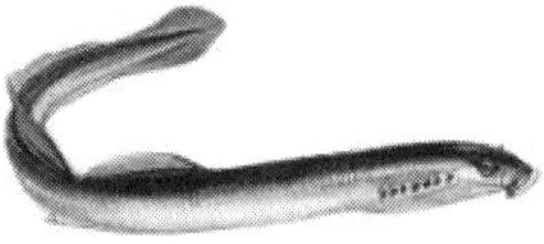

ヤツメウナギ

た硬い背骨になる。そうすると、初めて「脊椎動物」になります。

その脊椎動物、背骨を持つように進化したものの一つが、ヤツメウナギです（右上図）。ウナギとついていますけれどもウナギではありません。これは硬い背骨を持っていますが、魚と呼ぶにはもうひとつ足りないものがあります。単に背骨を持っているだけでは魚とは呼ばれないのです。もうひとつ必要です。それは顎《あご》です。このヤツメウナギは顎を持っていません。顎のない口って円いんですね。だから、これは専門的には「円《えん》口類《こうるい》」と言って、魚類とは区別されています。魚類の一歩手前、顎がないばかりに魚の仲間に入れません。

では、顎がない口ってどんな口かというと、こんな口です（左上図）。この円い口で獲物のカラダの表面にくっついて、これは吸盤ですから吸盤がくっついて、カラダをひねりながら、ドリルのようにガガガッとねじりながら穴をあけて体内に入っていくということをします。円口類、なかなか怖いですね。この円い口に顎が入ってくると、いよいよパクパクできる口になります。そうすると初めて魚になります。

脊椎動物は噛む動物

われわれ脊椎動物の特徴は、単に背骨を持っているだけでなく、顎を持っていることです。脊椎動物はみんな噛《か》む力がとても強いのです。われわれ人間もそうです。人間はほかの野生生物に比べると弱い生き物です。大した爪はないし、運動能力は劣っているし。でも、噛む力に関しては、人間もやはり脊椎動物なので、それなりに強いです。

したがって、しばしば言われますけれども、体力で劣る女性が最後の最後に出せる武器が噛みつき技です。これは男にも劣らないほどの力が出ます。ただ、噛む力は強いのですが、口を開けるほうの力はさほど強くありません。昔、テレビ番組でワニの口に輪ゴムをかけるというのがありました。テレビのバラエティショーで、芸人さんが輪ゴム何本でワニは口を開けなくなるかという悲惨な芸というかチャレンジをさせられていました。そのときの様子だと、輪ゴム３本でワニはもう口を開けられませんでした。たった３本です。ワニの噛む力はすごいですよね。でも、開ける力は意外とないんです。ということをひとこと言っておきます。

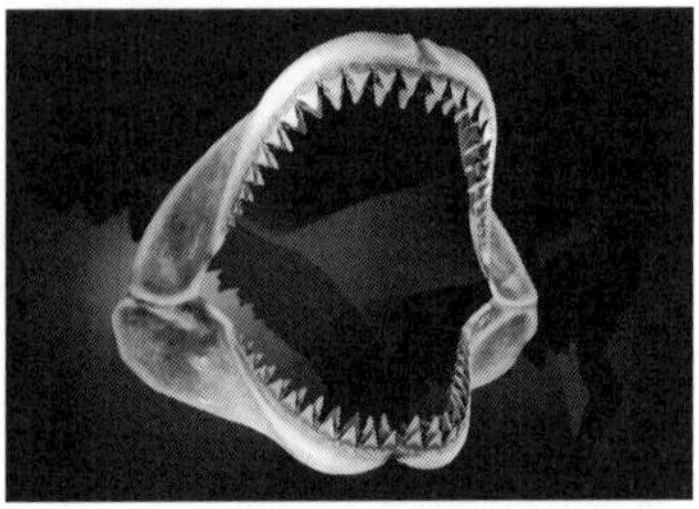
サメの顎

美しいサメの赤ちゃん

ちなみに、この顎はサメの顎です（前頁）。立派な顎《ジョー》ですね。さすが「ジョーズ」の名にふさわしい。では、これは何だかわかりますか。サメの卵です（**口絵11**）。サメは魚ですから卵を産みます。ただ、その卵にはいろいろな形があります。人間がつくったんじゃないかと思うぐらいのきれいな螺《ら》旋《せん》状、スクリュー状のものもあります。これはマーメイドポーチ、人魚の袋といわれている卵です。この卵の中でサメの赤ちゃんが孵《かえ》るわけです。いろんな形の卵があります。これはほんの一例です。サメって面白くて、魚だから基本的には卵を産むんですけれど、その後がまたいろんなタイプがあるんです。普通の魚とサメは違います。

世界最大級の魚ジンベイザメ

例えばサメでいちばん大きなものはジンベイザメです（左上図）。大阪の海遊館にもいますけれども、ジンベイザメはサメ類のみならず魚類界全体でも世界最大の魚です。大きいものは14メートルにもなります。

そんなに大きいジンベイザメのお母さんが卵を産むと、おなかの中で赤ちゃんが孵ってしまいます。だから産まれるときは赤ちゃんの状態で産まれます。お母さんとしては卵を産んでいるつもりだけれど、卵の産まれ先が体内なんです。そこで赤ちゃんが孵ってしまう。ジンベイザメの赤ちゃんはたぶん50センチぐらいで産まれます。

14メートルもあるジンベイザメが、50センチの赤ちゃんを何尾ぐらいおなかに抱えられるでしょうか。これはよくわかりませんでした。けれども、数少ない例がありまして、その数少ない例からすると、３００尾ぐらいは抱えています。

いまから20年以上前に、台湾の浜にたまたま打ち上がったものを解剖したら３０４尾もの赤ちゃんが入っていました。では、この３０４尾が全部出てくるかというと、実はジンベイザメの出産を見た人はいません。なのでよくわかりません。３０４尾全部産まれるかもしれないし、たった1尾かもしれないし、よくわからないのですが、たぶんほとんど全部産まれるだろうと思われます。

なぜならば、たった1尾しか産まれないという例がサメ界にあって、その例から推察できるからです。その例はシロワニというサメです（**口絵12**）。このシロワニもやっぱりおなかの中で卵が孵ります。つまり赤ちゃんを産むんですけれども、実はいちばん最初に産まれた赤ちゃんがほかの卵を全部食っちゃうのです。

こういうふうにおなかの中で卵が孵っちゃうことを「卵胎生《らんたいせい》」といいます。そして、先に孵ったものが卵を食べてしまうことを「卵食性」といいます。シロワニは卵胎性の卵食性ということになります。シロワニのメスには子宮が２つあります。だから、赤ちゃんは多いときは2匹産まれます。１匹もしくは2匹産まれるということです。

ジンベイザメはお腹の中に３０４尾も赤ちゃんがいたのだから卵食性ではない、したがってジンベイザメの場合は全部産まれるだろうなと思います。ただ、ジンベイザメの出産を見た人はいないのでよくわかりません。

映画の『ジョーズ』で有名なホホジロザメも卵胎生で、おなかの中で卵から赤ちゃんが孵るけれど、この赤ちゃんにはなんとニョロニョロとへその緒が伸びて、胎盤（プラセンタ）ができます。そのニョロニョロと伸びたへその緒と胎盤でお母さんのカラダから栄養をもらいます。ほかの卵や、兄弟、妹や弟を食べないで、胎盤から栄養をもらうのです。

ということは、へその緒があるということは、赤ちゃんが産まれたとき、へその緒が外れた跡に「おへそ」がありますかというと、あります。みなさんは、へそはわがほ乳類だけにしかないと思っているんじゃないですか。へそは魚にもあります。サメにもあります。特にこのホホジロザメにはあります。

この胎盤とへその緒は、われわれ人間界の胎盤やへその緒とはちょっと違っていて卵黄由来なので、そのままイコールではないけれど、胎盤とおへそは人間界、ほ乳類界に固有なものじゃないですよということが言いたかったのです。これについては、また後で述べようと思います。

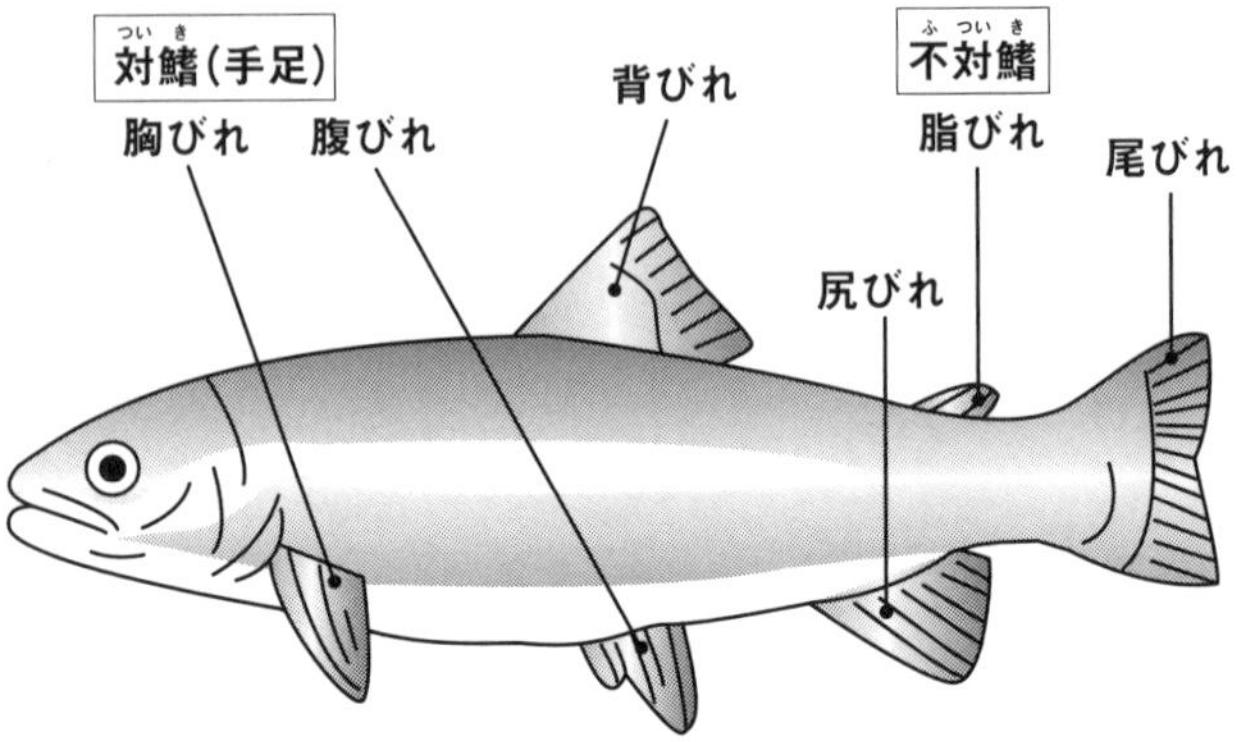

四肢動物の「直立の宿命」

さて、魚が進化すると「両生類」です。カエルに代表される、あるいはサンショウウオに代表されるものですけれども、そういった両生類も含めて「四肢動物・四足動物」といいます。四足動物からわれわれ人間は直立二足歩行に至ったわけですが、その話をしましょう。

私たちの四肢、つまり手足は、魚のヒレから進化しました。魚のヒレには、たとえば背びれとか、尾びれのようにカラダの中心軸上にあるヒレがあります。カラダの中心軸上にあるものは1個しかなくて、ペアがない、対がないので「不対鰭《ふついき》」といいます。背びれや尾びれは1個しかありませんけれども、胸びれとか腹びれというのは、対、ペアがありますよね。そういったものを「対鰭《ついき》」といいます（上図）。

私たちの手足はこの対鰭から進化しました。普通の魚は対鰭が胸びれと腹びれの2対あって、全部で

4個ありますよね。これはトビウオですけれども（左上図）、これが普通でしょう。われわれのカラダの構造が四つ足なのは、これを見れば一目瞭然だと思いますが、魚でも昔の古代魚には対鰭が多いものもいました。具体的には、胸びれと腹びれの間に対鰭がいっぱいあります。もしわれわれがそういう魚から進化したら、もっとたくさんの手足があったはずです。でも何の偶然か、対鰭が2対の四つ足から進化したからこうなりました、というのがわれわれの進化です。

トビウオ

Back Pain

「四つ足から直立歩行へ」ということで、もともとわれわれの祖先はサルっぽかったけれど、最初は両手も着いたナックルウォークという四つ足歩行から、だんだん起き上がって直立二足歩行になりました。

これが実は、われわれに大きい問題を生じさせました。具体的には、背骨が真っすぐ立ったことによって、ばかデカい脳みその重さを全部背骨で受けるはめになったということです。首が痛いだの、頭痛だの、肩こりだの、腰が痛いだの、そういった悩みはみんなこのせいです。

脳は平均でだいたい1350ccあります。頭全体だと約5キロ、ボーリング球くらい重たいものがここにドスンと乗ってくる。これを絶えず受けているのですから背骨もきしみますよね。というのが、われわれのカラダ上の問題です。

恐竜にも二足歩行の恐竜がいましたが、縦に直列ではありません。重みをうまく分散しています。真っすぐドスンとは来ていません。ペンギンも真っ縦に立っているように見えても、実はおなかの中で膝が90度曲がっています。それによって直列的な重みはここに来ていないのです。ちゃんと重さを分散しています。

オーストラリアの国の紋章

カンガルーも膝が曲がっていて重さを分散しています。エミューというダチョウに似た鳥もちゃんと分散しています。ちなみに、これはオーストラリアの国の紋章です（右上図）。国旗とは別に紋章があるのです。オーストラリアはなぜカンガルーとエミューを紋章にしたのでしょうか。

カンガルーもエミューも体の中心線をS字状に曲げることによって首から上の重さが下に真っすぐかからないようにしています。こうするとBack Pain（背中の痛み）がないのですが、そのかわり後退できません。つまり前にしか進めません。その「前進あるのみ」

というのがオーストラリア人の胸に響いて、「われわれオーストラリアは前進あるのみ」ということで国の紋章にしたわけです。

だから、カンガルーやエミューには頭痛や首の痛み、肩こりや腰痛はないけれど、でも、後ろには進めない。われわれは、頭痛、肩こり、腰痛はあるけれど、後ろに進めるからいいかということで、せめて後ろに進んでわれわれのメリットを楽しんでください。

「おへその秘密」

「有羊膜類」に行きます。「女の宿命」とサブタイトルをつけたくらいですから、羊膜というのは、特に女性の方はご存じですよね。このお蔭で、私たちがもともと海の中で産まれ、魚から陸上に上がってきたものが水から離れる、水辺から離れることができたのです。羊膜を持たない両生類、たとえばカエルやイモリやサンショウウオは卵を水中に産みます。卵から孵った赤ちゃん、カエルであればオタマジャクシは水中でしばらくの間、えら呼吸をします。それで変態して大人になって初めて陸上に上がるのです。

水の中と陸の両方で生きるから両生類という、両生類は水陸両用ですごいなと思いきや、実は水がなければだめですよというやつです。水から離れられません。モリアオガエルみたいに木の上に卵を産むやつもいますけど、卵は泡で覆われています。泡って水の延長ですよね。泡で覆って卵を産むんだけれど、その卵も必ず木の枝の先っちょに産みつけられ

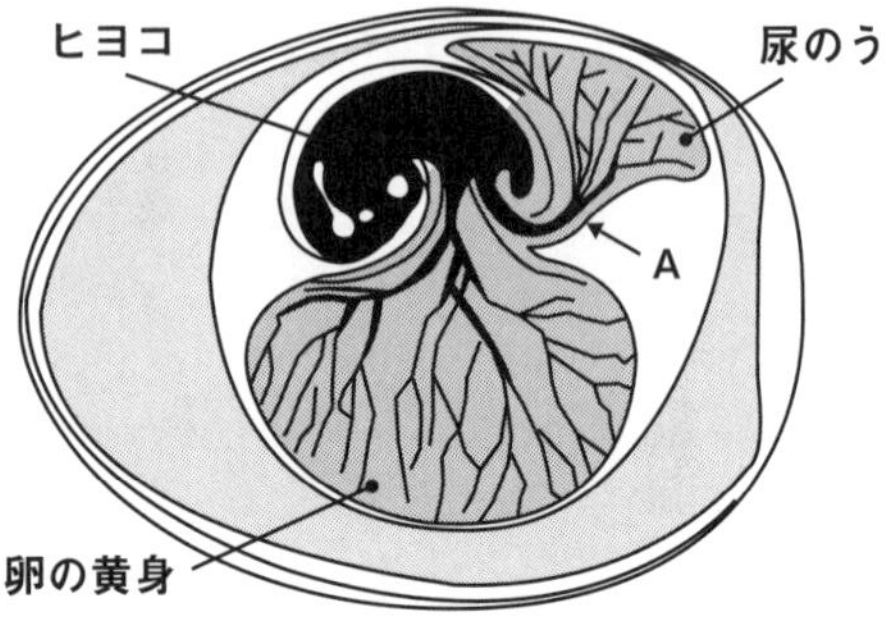

ニワトリの卵

て、その下には池があります。泡の中で卵から孵ったオタマジャクシがポトンと落ちるとそこに池がある。こういうふうに水から離れられないのが両生類です。

でも、爬虫類と鳥類とわれわれほ乳類は水から離れることに成功しました。それは羊膜を持ったからです。受精卵を羊膜の中で保護している。羊膜の中は言ってみれば「体の中の海」です。その海を卵の殻に閉じ込めたのが爬虫類と鳥類、羊膜を体内に保持したのがわれわれほ乳類。卵の殻で包むか、自分の子宮の中に入れるかの違いだけで、やっていることは同じなのです。それで爬虫類、鳥類、ほ乳類を合わせて「有羊膜類」といいます。

そして「おへその秘密」です。爬虫類であれ、鳥類であれほ乳類であれ、栄養の供給源（卵黄、胎盤）と赤ちゃんをへその緒がつないでいます。へそはほ乳類だけではありません。サメにもありました。ホホジロザメにもありましたが、魚以外にも、鳥類や爬虫類にもへそはあります。ヒヨコやカメにもありますという話をします。

人間の場合は、胎児がへその緒で胎盤とつながっています。赤ちゃんはへその緒を通してお母さんの胎盤から栄養をもらいます。老廃物、たとえばおしっこなんかもへその緒を通ってお母さんの胎盤に返します。

ニワトリの卵も同じなんですよ（前頁）。ここにヒヨコがいて、これが卵の黄身です。ヒヨコは卵黄から栄養をもらいます。老廃物、おしっこはここ（A）を通って別の袋（尿のう）に入ります。栄養をもらって老廃物を出す部分がへその緒ですよということで、つまり卵の中のヒヨコにもへその緒はあるということです。ということは、産まれるとへその緒が外れますから、その痕はおへそですかというと、そうです。ヒヨコにもおへそがありますかというと、はい、あります。カメは爬虫類ですが、爬虫類の卵も同じで、生まれたばかりのカメの赤ちゃんもへそがあります（**口絵13**）。

ただ、これは産まれた直後にしか見られません。産まれて時間がたつと消えてしまうので、もし運よく生まれてすぐのヒヨコやカメを見るチャンスがあったら、ひっくり返しておへそを確認してみてください。ありますので。

鳥類とほ乳類の妊娠&育児

いま、鳥類と爬虫類の例を出しましたけれども、鳥のほうは爬虫類の子孫ですよね、恐竜の子孫です。かつ、われわれと同じように体温が温かいです。体温が温かい爬虫類ということで鳥を出しましたけれども、鳥とわれわれほ乳類を比べてみましょう。

受精してから卵を産むまで、あるいは受精してから出産するまでの妊娠期間、鳥は短いです、ほ乳類は長いです。鳥はたとえば1日、ニワトリは毎日産みます。それを考えたらすごく短い。あっという間です。人間は、よく40週と言いますが、学問的には38週です。ほ乳類でいちばん短いのはオポッサムとかバンディクートですが、これらはちょっと例外です。これはカンガルーと同じように袋の中で赤ちゃんを育てるものです。カンガルーも短いです。こういった短いものも例外ですけれどありますが、長いほうは、たとえばゾウは22カ月以上、2年近い。基本的にほ乳類は妊娠期間が長いです（左頁）。

産んだ後はどうでしょう。たとえば鳥、ニワトリは卵を抱いて温めますよね。21日で孵ります。ニワトリは毎日産むんですよ。卵を毎日産んで10個ぐらいまとめてから温めます。つまり最初に産まれた卵は最初の10日ほどは放置です。でも、大丈夫なんです。最初の10日ほど放置して、個数がたまってきたらやっと抱卵、温めます。温め始めて21日。まとめて抱卵して、21日たったら産まれます。一度にヒヨコが10羽ほどまとめて産まれ、まとめて雛を育てる。これを専門的には「育雛《いくすう》」といいます。

	鳥類	ほ乳類
妊娠期間 受精〜産卵／出産	短い １日〜数日 ニワトリ 毎日	長い ヒト 38 週（266 日） 12 日 オポッサム 12 日 バンディクート 1 カ月 カンガルー 22 カ月以上 ゾウ
まとめて 抱卵／授乳	数十日 ニワトリ 21 日	4 日 ズキンアザラシ 1 年 ヒト（20 年） 4 年 チンパンジー 5 〜 8 年 ゴリラ 7 年 オランウータン
まとめて 育雛／育児	最長＞ 200 日 ニワトリ 5 カ月	

ほ乳類はどうでしょう。人間（ヒト）は産まれてからおっぱいをあげるのは1年から3年ほどです。1年から3年で卒乳といっておっぱい離れをしますよね。いちばん短いのはズキンアザラシで4日、ただ、アザラシは例外で、チンパンジーは4年、ゴリラは5年以上、オランウータンは7年。おっぱい期間は長いです。

その上に、人間の場合は、たとえば小学校に上がるまでというと6年、あるいは成人するまでというと20年、長いです。これがほ乳類の特徴でしょうか。妊娠期間が長いし、その後の手間がかかる期間も長いです。鳥は妊娠期間が短い上に、まとめて温めて、まとめて産まれて、ニワトリなんか半年もしないうちにもう大人です。しかも、卵を温める抱卵も育雛も、メスだけでなくオスもできるところが、妊娠や授乳と違う点です。

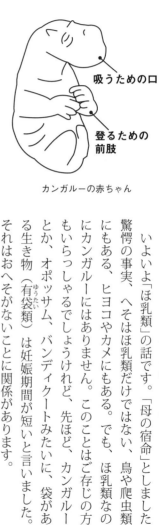

いじらしいカンガルーの赤ちゃん

いよいよ「ほ乳類」の話です。「母の宿命」としました。驚愕の事実、へそはほ乳類だけではない、鳥や爬虫類にもある、ヒヨコやカメにもある。でも、ほ乳類なのにカンガルーにはありません。このことはご存じの方もいらっしゃるでしょうけれど、先ほど、カンガルーとか、オポッサム、バンディクートみたいに、袋がある生き物（有袋類《ゆうたい》）は妊娠期間が短いと言いました。それはおへそがないことに関係があります。

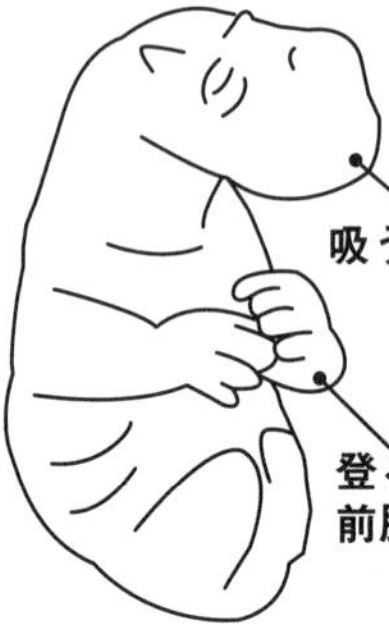

カンガルーの赤ちゃん

これはカンガルーの赤ちゃんです（右上図）。大きさはたぶんみなさんの親指ほどしかありません。そんなに小さい、言ってみれば肉の塊がポロンと産まれます。超未熟児です。カンガルーだと1カ月、受精してから受精卵が分裂して、肉の塊がやっと細長くなってくる。そんなものでポロンと産まれちゃう。胎盤はできません。胎盤ができないので、おなかの中にいてもそこから栄養はもらえないのです。いたところで死んでしまいますので、その状態でポロンと産まれます。

前足のように見えるこの肉の出っ張りで、お母さんのおなかをヨジヨジよじ登るんです。産まれる場所は普通に両足の間にある産道から産まれます。でも、お母さんの袋の入り口はおなかにある。そこまで30センチか40センチありますかね。そこをこれがヨジヨジと登るのです。時間は1分ぐらいです。虫がササッと這っている感じです。這っていって、穴を発見してそこにポロンと落っこちる。

落っこちたら、こんどはお母さんの袋の中で、お母さんのおなかをよじ登りながら、おっぱいを探ります。乳首を発見したら、将来、口になる穴に乳首を入れておっぱいを吸い始めます。あとはそのおっぱいだけで成長します。

人間の胎児はお母さんのおなかの中で胎盤から栄養をもらうけれど、これは自力でおっぱいを吸って成長するのです。本当にいじらしいですよね。私たちの親指ほどのちっちゃいものが、自力でヨジヨジ登っていったり、おっぱいを発見したりして、後はおっぱいだけで生きる。実にいじらしい生き物です。

カンガルーの赤ちゃんを英語でジョーイ（joey）といいます。犬の子どもは、英語でパピーあるいはポピー（puppy）、猫の赤ちゃんは英語でキティ（kitty）です。このジョーイは大きくなってもまだ袋から出ません（次頁）。出ませんというか、実を言うと出ます。出るけれど、また戻るんです。出たり入ったりを繰り返して、半年から1年ぐらいこうやっています。親離れ、子離れ、袋離れをしない。

袋を持っているものは「有袋類」といいますけれども、ほかにもいますよね。有名な例はコアラです。コアラも親離れ、子離れをいつまでもしないんですよ（１７７頁）。子ど

カンガルーの親子

もが大きくなってどちらが親か見分けがつかないくらいになってもまだペタペタくっつくんですよ、有袋類というやつらは。

これはなぜなんだというと、私が考えるに、やはり、これはへその緒がないからですよ。へその緒の「きずな」を進化の途中で突然変異か何かで失った分、ペタペタくっつくようになったんじゃないかと考えています。あまりにも感傷的とか、メルヘンチックな話じゃないかと思うかもしれませんが、意外と本当にそうかもしれませんよ。

ちなみに、ほ乳類だけれど卵を産むものがいます。カモノハシです。カモノハシというのはほ乳類に一応分類されています。でも、これは赤ちゃんを産まずに卵を産みます。なぜこいつは卵を産むくせにほ乳類なんだと。ほ乳類の定義は一体何だというと、ほ乳類の定義は「ほ

コアラの親子

乳」です。卵を産もうが、赤ちゃんを産もうが、ほ乳するのがほ乳類という定義です。

ほ乳というか、おっぱいの元々の始まりは、お母さんの皮膚から出た汗だそうです。汗にたまたま栄養分が含まれているので、赤ちゃんが汗をペロペロなめている。それじゃ、汗をあげようかと。その汗がだんだんおっぱいに特化してきたのがほ乳類だそうです。

カンガルーケア

そんなことで、ほ乳するのがほ乳類で、ほ乳あるいは授乳というのは、必然的に肌と肌の触れ合いを伴います。肌と肌との触れ合いというのは、ふつう動物界においてはそれほど歓迎されません。接触するというのは、だいたい食うか食われるかという極めて緊迫した状況です。繁殖中も皮膚と皮膚との触れ合いはありますけれども、繁殖中はいちばん天敵に襲われやすいので、できるだけ短くしたいのです。そういうことで、皮膚と皮膚の触れ合いというのは、動物界では一般には好まれません。

南極でコウテイペンギンが冷たい吹雪から子どもを守るためにみんなで集まるという例はあるけれど、普通は動物界では肌と肌との接触は好まれません。しかし、それが嫌いだといったらほ乳できないので、ほ乳類においてはそれがむしろ好ましいとか、うれしいとか、ハッピー、幸せと思えるように進化してきました。それがほ乳類です。単におっぱいをあげるのみならず、おっぱいに伴う肌と肌との触れ合いこそが幸せなのだと思えるように進化したことが、ほ乳類の繁栄の一つの原動力でしょう。

したがって、ほ乳類の場合は、ほ乳類同士すごく仲がいいですよね。イヌとネコはけんかすると言うけれど、でも、イヌがネコにおっぱいをあげたり、その逆もあるじゃないですか。種の壁を越えておっぱいをあげる、非常によく見られます。種の壁を越えてじゃれ合うとか、仲がいいとか、よくあります。ほ乳類ほど種の壁を越えて仲よしになれる生き物群はないと思います。

人間界で言えば、母乳でも人工乳でも私はいいと思います。母乳でもミルクでも、赤ちゃんを抱っこしてあげますよね。そういった意味では、母乳であれ、人工乳であれ、ほ乳・授乳には肌と肌との触れ合いが伴うということに意味があるということです。

もちろん、ほ乳そのものにも意味があるけれど、むしろ肌と肌の触れ合いに意味があるんだというのが、わがほ乳類における「愛」の起源じゃないかという話がある。ほ乳類は、ひたすら「愛の動物」だと思ってください。その愛というものが特に人間ではよく発達しているという理由も後で言います。ただ、われわれ人間界で発達している愛の気持ち、感情というものの起源はここにあるということを想像しましょう。

ちなみに、スキンシップという言葉がありますが、そういう英語はありません。これは和製英語らしいです。英語の世界では「スキン・トゥ・スキン・コンタクト」あるいは「カンガルーケア」といいます。ケアというのはお世話という意味ですよね。カンガルーケア、カンガルーのお母さんと赤ちゃんのジョーイの関係みたいに、あるいはコアラの関係みたいに、ペタペタくっつくことをカンガルーケアといいます。

これは心理学の分野における専門用語ですけれども、普通の世界でも、カンガルーケアと言えばこういうことなんだとわかります。

逆に言うと、恐竜人間というものが実は想定されています。もし恐竜が６６００万年前に絶滅しなければ、いまのほ乳類の時代はありません。ほ乳類は常に恐竜の影に脅えて、いつまでも夜の闇をチョロチョロ走り回っているせこい生き物だったでしょうね。でも、６６００万年前に隕石が落下して、その影響で当時の支配者だった恐竜が滅んだ。恐竜が滅んだ隙間を埋めるようにほ乳類が発達したというのがわれわれがいまここにいる理由で、もし、6600年前にあの隕石の軌道があとちょっとでもずれていたら、恐竜は滅んでいませんでした。もしかしたら、恐竜が進化して、こういうふうになったんじゃないかと（**口絵14**）。この恐竜人間の元になっている恐竜も実はわかっています。トロオドンという恐竜です。ただ、恐竜は、先ほどから言っているように爬虫類です。ほ乳をしません。ほ乳をしませんから、カンガルーケア的な愛はたぶん芽生えない。

仮にトロオドンが進化して頭のいい知的恐竜になったとしても、愛は芽生えなかったんじゃないかというのが私の仮説です。やはりスキン・トゥ・スキン・コンタクト、肌と肌の触れ合いがない生き物ですから、これには愛はなかっただろうと思われるわけです。

ということで、ここでいったん休憩を入れましょう。

ゆるしの技術"If I were you,"

育児に注力するほ乳類

前半では、鳥とほ乳類の違いは、妊娠期間が鳥は短い、ほ乳類は長いとか、卵を産んだ後、赤ちゃんを産んだ後の手間がかかる期間は、鳥はさほど長くないけれどほ乳類やヒトは長いという話をしました。

ちなみに、鳥の場合は抱卵、卵を温めるのはオスでもできる。南極のコウテイペンギンはオスが卵を温めます。あるいはヒナを育てる育雛とか育児はオスも参加できます。このへんはオス・メス参加できるけれど、ほ乳類の妊娠とほ乳・授乳はメスしかできませんから、そこにずいぶんと時間がかかるということが大事です。

そうすると、メスにとってどうかというと、性交回数と子どもの数ですが、鳥は性交しただけ子どもが増えます、毎日毎日卵を産みますから。ニワトリは毎日受精卵を産めます。それで10個ぐらい産みためてから抱卵して、21日もしたら10羽の雛が孵ってピーピー鳴いて、また卵を産む。その間も毎日産卵できるので、鳥は性交しただけ多くの子どもが産ま

	鳥類	ほ乳類
妊娠期間 受精〜産卵／出産	短い 1日〜数日 ニワトリ　毎日	ヒト38週（266日） 1カ月 カンガルー 22カ月以上 ゾウ
まとめて抱卵／授乳	数十日 ニワトリ21日	1年 ヒト（6年） 4年 チンパンジー 5〜8年 ゴリラ
まとめて育雛／育児	最長＞200日 ニワトリ5カ月	
メス／女性の性交回数と子どもの数	性交しただけ多くの子ども →乱交しがち	性交したところで、子の数は増えない →育児に注力

れます（上図）。

でも、ほ乳類のメスは性交したところでこの数は増えないので、ほ乳類のメスは育児に注力するところが大というのが、われわれほ乳類の特徴です。これが、後に述べますが、家族のあり方に大きな影響を及ぼしています。

「愛のホルモン」オキシトシン

いよいよ「霊長類」ですけれども、テーマは「家族の宿命」です。霊長類、われわれの世界というのはどういったものでしょう。

まず、これ（左頁）をパッと見て「アイ・ラブ・ユー」と普通に読めますよね。でも、なぜハート（心臓）がラブなんですか。愛は心臓にはありませんよね。でも、なぜかわれわれはハートをもって愛と呼んでいる。もちろん、恋をしてドキドキするのは胸ですよ。心臓がドキドキするから、たぶん恋愛

の本質は心臓にあるんだということでハート＝ラブになったわけです。それはそれでいいんですけれど、本当は、愛が存在する場所は脳ですよね。

脳の話をします。脳の断面を見ると（次頁）、表面の部分は灰色です。灰白質と言うんですけれど灰色です。内側は白くて白質といいます。白質はほとんど神経細胞がありません。神経細胞があるのは表面の灰色の部分です。この灰色の部分が神経細胞の集まりです。灰白質の厚さは2ミリほどですが、何重にも折り込まれていて、ひだひだがたくさん入っているので、けっこう奥深くまで灰白質が入っています。人間の脳は灰白質がけっこう多いです。

灰色の部分は専門的には「大脳皮質」です。皮質には2つあって、古い皮質と新しい皮質があります。この「新皮質」という部分は、ほ乳類にしか存在しません。そして、まさにこの新皮質にこそ、われわれほ乳類を特徴づける「愛」、社会性とか協調性の

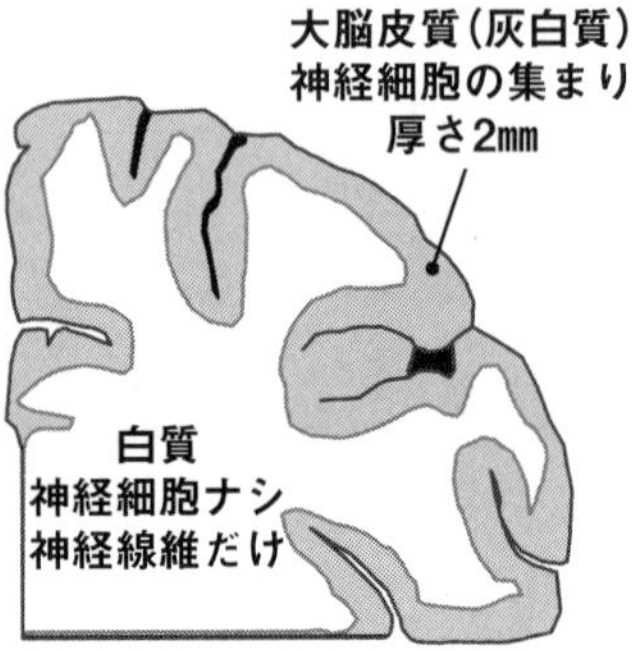

脳の断面図

部分が宿っているといわれています。そして、霊長類では新皮質がさらに大きくなり、高度な「認知」能力を司《つかさど》る「連合野」が進化してきました。特にヒトの場合は皮質全体の90パーセントが新皮質、脳全体でも8割が新皮質というのが人間の特徴です。つまり人間の脳には、高度な認知能力、ひいては「心」そして「愛」にかかわる部分がやたら多いのです。

　ほ乳類は単におっぱいをあげるのみならず、おっぱいをあげることが快感とか幸せ、幸福と思えるように脳も進化した、変化したのです。そういうふうに変化したもののみが、いろいろなことをうまくやりおおせたんでしょう。新皮質、人間の場合はこれがさらに発達して、8割も愛の皮質があるということ、これが人間の特徴です。

　言ってしまえば、「大脳新皮質と脳内ホルモンの組み合わせ」です。これから話す脳内ホルモンは「オキシトシン」というものです。オキシトシンの名前は何となく聞いたことがあるんじゃないですか。これは女性ホルモンで、出産と授乳、おっぱいあげに関係があります。

　オキシトシンは、女性にとってはもちろん出産、授乳、赤ちゃんの育児に関係するホルモンです。ただ、このホルモンは女性のみならず男性にも出ます。それは脳内です。オキシトシンは脳内ホルモンとしても働くのです。脳内ホルモンだったら男性にも出ます。首から下だったら女性しか出ません。首から上だったら脳内ホルモンとして男性にも出ます。

そのオキシトシンが脳内ホルモンとして働くとき、オキシトシンは実は「愛のホルモン」として働くのです。おっぱいをあげるというのがオキシトシンの役割ですが、おっぱいをあげつつ、脳の中ではそのことで快感や幸福を感じるように、同じホルモンが別様に働くわけです、愛のホルモンとして。

オキシトシンの一つ二役、授乳を促すホルモンと、脳内では肌と肌との触れ合いで快感を得られるようになっている。それが愛の起源であるならば、オキシトシンはまさに愛のホルモンです。脳の中では、そのオキシトシン、脳内ホルモンを受け取る側、キャッチャー（レセプター）があるのですが、それが大脳新皮質です。これがなければいくら脳内でオキシトシンが出ても意味がありません。その受け皿が大脳新皮質なのです。

「もの真似」は高度な知的活動

このオキシトシンと大脳新皮質の組み合わせが愛の起源であるとともに、愛というものがさらに発展して、われわれ人間を特徴づける「思いやり」「共感」を発展させたと考えられるものがもうひとつあります。「ミラーニューロン」です。

ミラーニューロンというのは、脳の中のある神経細胞で、相手の行動を見たときに興奮するところです。相手の行動を見て真似《まね》をするというのは、脳にとってはかなり高いレベルの知的活動です。「もの真似」ってすごく簡単そうに見えて、実はそう簡単ではないし、やってみると、そこからいろいろなことが派生的に起きます。もの真似ってけっこう意味深ですよ。

もの真似をするときにミラーニューロンという興奮する部位があります。ミラーニューロンが発達している生き物の代表例は人間です。

子どもがベロベロベーと真似するのはとても意味があります、すごく意味があります。つまり真似をすることによって相手の考えを推し量ることができるのです。たとえば相手が泣いているときに自分も泣いてみると悲しくなります。悲しいから泣くというのもあるけれど、逆に試しに泣いてみると悲しくなります。ということで、相手の真似をすると、この人は悲しいんだなとわかる。相手が笑っているときに自分も笑うと楽しくなる。そうすると、この人はいま楽しいんだなとわかる。そういうふうにして、目の前にいる人の見えない心の中が見えてくるようになる、自分でわかるんですね。

それがさらに発達すると、いまここにいない人の気持ちも推し量れるのです。山の向こうの人とか、地球の反対側の人とか、あるいは過去の人、未来の人、そういった目の前にいない人の気持ちまで推し量れるようになってくるのが人間の強み、「共感力」です。この共感力の根本はまさにものの真似で、子どもがものの真似をするのは非常に意味があるのです。

サルの中にも一部ものの真似をするようなサルもいます。たとえばマカクザルというのがいます。けれども、チンパンジーはあまりしません。これがチンパンジーとわれわれの違いのひとつです。いま地球上に生きている生き物でわれわれにいちばん近いのは確かにチンパンジーです。でも、そのチンパンジーとわれわれの違いのひとつはここにあります。もの真似。だから、いかにも人間らしい思いやり力とか、共感力をアップしたい、向上したいというときにはもの真似がきっと一番です。

後から話しますけれども、男性ってたぶん女性より共感力が弱いです。ミラーニューロンとかオキシトシン、そのへんはみんな女性のほうがより活性化していて、男性は共感力に乏しいというのはあり得ます。たぶんみなさんも、特に女性は経験があると思います。「なんでこんなにわからないの、あなた。もうちょっとわかってよ」と。

男の人は、自分は共感力があると思っている。でも、女性が思うほどにはないですよね。女性のほうがはるかに共感力が活性化しています。だから、女性がいちばん共感力があるとしたら、ヒトの男はその下で、チンパンジーはもっと下というレベルです。もし男性諸氏が共感力、思いやり力をアップして、もうちょっと好感度を上げたかったら「もの真似」を練習するといいんじゃないかと思います。

「思いやり」の正体

私的には、思いやりを英語で言うと「イマジネーション」だと思います。「思いやり」を英語に訳すのってなかなか難しいですよね。難しいけれど、私はイマジネーションかなと思っています。

なぜなら、思いやりは目に見えないものを推し量る力なので、それは想像力、すなわちイマジネーションだと思うんです。目の前にいる人の気持ち、あるいは目の前にいない人、たとえば地球の反対側、過去の人、未来の人の気持ちを推し量る想像力だと思えば、イマジネーションと言うのかなと。

イマジネーションという言葉に思いが至ると、すぐに思い出すのがウォルト・ディズニーです。ディズニーランドの人、ウォルト・ディズニーは、イマジネーションをとても大事にしました。彼は、イマジネーションを忘れてしまった大人たちには、子どものときのみずみずしいイマジネーションを取り戻してほしい、子どもたちには、いまのイマジネーションをすくすくと育ててほしいと思ってディズニーランドをつくったのです。

ディズニーランドにはいろいろなイベントが一日中ありますけれども、一日の最後を締めくくるイベントがあります。エレクトリカルパレードもありますけれど、いちばん重要なイベントは「ファンタズミック！」です。アメリカのディズニーランドや東京ディズニーシーでいちばん重要なイベントですよね、ファンタズミック。一日を締めくくるイベントです。

そのファンタズミックのさらに締めくくり、一日の最後の最後の締めくくりで、ミッキーマウスがこう言うんですよね、"Some imagination, huh?"、これが最後の締めくくりです。このファンタズミックのいちばんの盛り上がり、ハイライトの部分で、出演者がみんなでファンタズミックを合唱するのですが、そのときは「イマジネーションを何回言うんだ」というぐらい、すごい大合唱です。最後にミッキーが「サムイマジネーション、ハ」と言って終わるのですが、これほどまでウォルト・ディズニーはイマジネーションというものを大事にしたということです。それこそが思いやり、イマジネーション、想像力こそが「思いやり」なのです。

「ゆるし」は難しい

さらに、私的に思いやり、イマジネーションをもうちょっと具体的に言うと、イマジネーション、思いやりからさらに「共感」という言葉が出てきますよね。共感、シンパシー。それに「寛容」とか「励まし」とか「ゆるし」というキーワードも出てきます。ほかにもいっぱいあると思いますが、とりあえずここでは３つ挙げます。寛容、励まし、ゆるし。相手の気持ちになる。

寛容というのは私でもできます、「まあ、いいよ」と。励ましもまだ簡単です、「ガンバレ」と。難しいのは「ゆるし」で、ゆるしは難しいです。なぜ難しいかというと、いちばん許せないタイミングでゆるしを求められるからです。こっちはカッカしていますよね。こっちが迷惑をこうむったとか、約束を破られたとか、そんなカッカしているときに「許してください」と、いちばん難しいタイミングで言われるのがゆるしなので、これは難しい。

ただ、「ゆるし」にはスキルがあります。気持ち的には許しがたいんだけれど、スキルさえ知っていれば方法論的に許せてしまうのです。ゆるしに関しては、私の尊敬するインドのマハトマ・ガンジーがこんなことを言いました。「弱き者は『ゆるし』ができない、『ゆるし』は強き者に属するからだ」と。

これ、精神論や根性論ですよね。弱い人は許せない。だから、みんなで強くなろうねと。精神論、根性論です。私はガンジーのことを尊敬していますけれども、もしガンジー先生が生きていたら言いたいです。いや、そうはおっしゃっても、弱い人間もいるんですよと。弱い人間でも、スキルは学べます。だから、ゆるしのスキルを教えましょう、学びましょうと、私はガンジー先生に言いたいです。

ということで、ゆるしのスキルは何かというと、これもまた「思いやり」と「共感」に立つわけですけれども、相手の立場に立つということが根本にあります。英語で言うと、"If I were You."です。言ってしまえば1秒ぐらいのものです。本当だったら、主語がI(私)

だからwasですけれども、あえてwasをwereにしているのは、「本当は違うんだけれど、あえて言えば」ということを意味するために、わざわざwereにしているのです。「本当はそんなことはないんだけれど、仮に」ということで、"If I were you,"と。「もし私があなたの立場だったら」という意味です。

その瞬間に相手の立場への思いやりや共感が得られるので、自分の気持ちがサッと転換してゆるしのモード、ステージに上がりやすくなるのです。これを言った場合と、言わない場合ではたぶん全然違うと思います。でも、これは英語を話す人たちにはすごくラッキーです。日本語を話す私たちが、「もし私があなたの立場だったら」と言うとすると２秒、３秒、いや５秒くらいかかるかもしれません。

こんなことといちいち言わないですよね。言わないし、心の内でも思わない。でも、英語をしゃべる人は、言ってもいいし、心の内で思ってもいいけれど、ものの１秒です。彼らは、ゆるしのモードやゆるしのステージに入りやすいのです。われわれ日本人はそこが損で、「もし私があなたの立場だったら」なんて簡単に１秒くらいで口に出来ないし、思うことすら面倒なので、なかなか「ゆるし」のモードやステージに入りにくい。でも、せめて今日ここにいらっしゃるみなさんには、"If I were you,"を覚えていただいて、試しにこれを何かの呪文と思って言ってみてください。"If I were you,"と。その瞬間にちょっとステージやレベルが上がるかもしれません、許しやすい方向に。

	ヒト 男性	ヒト 女性
妊娠期間	なし	ヒト38週（266日）
授乳期間	なし	1～2年
育児期間	トータル6～20年	
性交回数と子どもの数	性交しただけ多くの子ども →乱交しがち	性交したところで、子の数は増えない →育児に注力

ヒトの男は乱交しがち

問題は、「許す」タイミングです。最悪のタイミングはいろいろあるけれど、われわれほ乳類、なかんずく人間にとっていちばんヤバいタイミングというのはやっぱり性交に関すること。

先ほどは鳥の性交の話をしました。鳥の場合は「性交しただけ多くの子ども↓乱交しがち」。ほ乳類は「性交したところで子の数は増えない↓だから育児に専念」とありましたが、これをそのまま人間のオスとメスに変えます。同じです（上図）。オスは、妊娠期間「なし」、授乳期間「なし」、育児期間はトータルで、「小学校に上がるまでか成人するまでの6～20年」。この太字の部分は男女平等に参加できるはずですが、実質的には男はあまり参加しません。

だから本当は、男はここも「なし」みたいなものです。女は、妊娠は長いわ、授乳期間は長いわ、その後の子育ても長いわ、女はどっちかというと「育児に注力」、男はどっちかというと「乱交しがち」という、何というか生物学的な根拠がここにあるのです。

ただ、これはよくないとみんなわかっているので、生物学的にはこうなんだけれど、だからこそ、われわれは文化の力でこれを防ごうとするんですね。一夫一婦制というものもあるし、いろんな倫理があるのは、放っておくと乱交になるからです。

ほ乳類の中でも特に霊長類サル目は本当に乱交的です。われわれの生きものとしての本質の部分が乱交的だから、それではヤバいのでちゃんとしようという部分で、法律とか文化、倫理をつくってきたのです。その部分は、ほかの霊長類とは違う部分なので、ここは尊重してもいいのかなと思います。

ちなみに、よく「おしどり夫婦」と言うでしょう。確かにオシドリはパートナーを見つけたら、本当にパートナーとだけくっつきます。でも、1年たったら、パートナーを替えてしまいます。毎年パートナーが違うのです。それから、オシドリのオスは育児をしません。なので、よく結婚式のスピーチで、「おしどり夫婦のように」と言うけれど、そのたとえ話はあまり言わないほうがいいかもしれません。

鳥の世界もこんなものです。人間のオスもこんなものだけれど、そうならないように、法律だ、文化だ、倫理があるんですよということを一応知っておいていいかもしれません。

男も授乳可能⁉

ということで、最後に男に対して言いたいです。「未来のヒューマン、チチメン」という可能性を。私が推奨するものです。

信じられないかもしれませんが、男の人でも女性のように胸が膨らんでくることがあります。「女性化乳房」という一つの症状です。実は乳房をつくる遺伝子は男にもあります。だから、その遺伝子にスイッチが入ると男でも胸が大きくなります。乳腺が発達する遺伝子もあって、そこにスイッチが入ると男でもお乳が出ます。昔はそれを「魔乳」と言っていました。

男でも乳房ができてお乳が出ることはある。だから、遺伝子的には男だって授乳可能です。でも、理由は不明ですが、そこの遺伝子はスイッチが入らないようになっています、普通は。でも、基本的にはできるんです、遺伝子があるんだから。

たとえばコウモリはほ乳類です。ある種のコウモリはオスが授乳します。スマトラ島、ボルネオ島に住んでいるあるコウモリは、オスが授乳します。私はこれを「チチメン」と呼んでいます。イクメンどころかチチメンということです。

チチメンのコウモリにはもう一種います。パプアニューギニアに生息する別のコウモリも、オスが授乳します、チチメンのほ乳類です。ただ、残念ながらいまのところほ乳類でおっぱいを与えるオスの例はこの2例しかありません。けれどもあるんです。

あるいは、サルで言うと、おっぱいこそ与えないけれど、オスが授乳以外のすべてを担当するサルがいます。中米パナマや南米のヨザルというサルです。もしヨザルのオスもおっぱいが出るようになったら、そのオスはさぞうれしいでしょうね。たぶん喜んで授乳をしますよ。これが私の考えていることです。

「カンガルーケア」、お母さんと赤ちゃんがスキンシップによって愛情を育むという愛の起源的な話があって、これがほ乳類の特徴だと言いましたが、残念ながら、ほ乳類でも半分しかこれを享受できません。つまり、メスしか享受できない。オスはこの喜びを受けられないのです。

でも、いま私たちは遺伝子、ＤＮＡが運命でないことを知っています。確かに遺伝子は生命の設計図なんだけれど、その遺伝子のスイッチのオン・オフはわれわれの自由になるのです。それが専門的には、２０１０年に『ＴＩＭＥ』誌の表紙に載りましたが、「エピジェネティクス」というこの10年ぐらいで新しく生まれた学問分野です。このエピジェネティクスによって、遺伝子は変えられないけれど、遺伝子のスイッチのオン・オフは変えられることがわかってきました。

実を言うと遺伝子も変えられます、好きなように。専門的には「ゲノム編集」といいます。いまはゲノム編集とエピジェネティクスで、遺伝子を好き放題変えられるし、スイッチのオン・オフも変えられますよと。

たとえば、ここに3匹の猫がいます（**口絵15**）。右側（B）の小さい猫はコピーキャットです。コピーキャットというのは、英語でもの真似するやつをばかにする言葉です。「このもの真似ヤロー」という意味ですが、でも、これは本当のコピーキャットです。左側（A）の猫の細胞の一部から〝生まれ〟ました。つまりクローン猫、コピー猫。いわゆるiPS細胞とかそんな感じです。人間でもきっとできます。人間でも、細胞の一部からコピー人間がつくれますよ、いつか。

でも、これらの猫は模様がちょっと違うじゃないですか。コピー猫をつくっているつもりでも模様が違う。遺伝子はまったく同じなのに、違ったふうに遺伝子のスイッチングが作用している。似たような例は一卵性双生児にも見られます。一卵性双生児は、遺伝子は完璧に同じです。

タレントのマナカナ（三倉茉奈、三倉佳奈）は、子どものときにはとてもよく似ていました。どっちが茉奈か、どっちが佳奈かお母さんでさえわからなかった。でも、その後、二人は全然違った人生を歩んでいる。

学術的な話もあります。ある一卵性双生児の1番染色体における遺伝子のオン・オフのパターンを比べると、3歳のときには2人はまったく同じでしたが、47年後、50歳のときには微妙にパターンが違ったというのです。つまり、まったく同じ遺伝子を持った2人だけれど、歩んだ47年間の違った人生がいろいろ反映されているのです。それは、吸っている空気、飲んでいる水、食べている食べ物、そしてかかっているストレス、遺伝子のスイッチのオン・オフにみんな影響します。だから、遺伝子のスイッチのオン・オフは変わり得るということです。遺伝子そのものは変わらないですよ。でも、スイッチは変わり得るということがわかりました。

われわれがそこまで秘密を知ってしまったということは、人間の力でスイッチングができますかというと、いまのところまだ具体的に、どこのスイッチをどうやったらいいかはわかりません。けれども、いまの話はたった10年の話です。たった10年でこんなことがわかってきたのです。ということは、次の10年ではどうなるでしょう。次の10年でわれわれは遺伝子のスイッチ、「ここを押したらこうなるよ」ということがわかってくるかもしれません。

簡単に言えば、発がん遺伝子です。一卵性双生児で、片方はたばこをガバガバ吸います。片方は吸いません。どっちのほうが発がんリスクがありますかということですよね。それと同じことです。そんなことがいろんなレベルで、私たちの手でできるようになる。

そうすると、遺伝子がすべてではなくなるんですよ。私たちが自分の頭で考えて、あるいは望んで遺伝子のスイッチを入れる・入れないをすると、男でもおっぱいが出るようになるかもしれない。そして授乳をすると、男もあのカンガルーケアの喜びが得られる。

逆に言うと、男はカンガルーケアの喜びがないから、きっとこれほどまでに暴力性が発揮されやすいのです。戦争を起こすのはたいがい男です。それもたぶんカンガルーケアの喜びを知らないせいだと思います。だから、今後、世界平和を本当に実現するんだったら、男もおっぱいをあげるように遺伝子のスイッチを外すとか、入れるとか、そうすることによって、イクメンをはるかに超えた「チチメン」をどんどんつくっていって、男にもカンガルーケアの喜びを共有してもらう。そして暴力性、凶暴性を減らして、世界平和を実現しようというのが私のいまの野望であります。

ということを言って、いったんお話を終えます。ここからは質問に答えたいと思います。コアな質問がいっぱい来ているので、軽い質問から行きます。

【Q&A】

――「なぜ人間はメスよりオスのほうが大きいんですか」

これは、いわゆる「性的二形」といって、オスメスの間で違いがあることをいいますけれども、深海生物の場合はメスが大きかった。ほ乳類というか特に霊長類、サル類はオスのほうが大きい傾向がある。

なぜかということはよくわからないけれど、たぶん遺伝子のことですから、たまたまそうなったんでしょう。たまたまそうなったことが、われわれのグループの行動様式、生活様式にマッチしていたんだろうと思われます。

つまり、われわれのグループというのは、どちらかというとメスは身重の期間が長い。産んだ後も子どもに手間がかかる期間が長いので、メスが積極的に外に出てハンティングするのはなかなか難しいですよね。そういった外に出るワークはオスがやったほうがよろしかろうというところでやっているうちに、オスが大きくなりがちになったんじゃないかという話があります。

深海生物の場合は逆で、メスは卵を産むので、しっかり、どさっと構えて、栄養たんまりのカラダで卵を産む。オスはしょせん精巣だけよという話です。オスは精子さえあればいいので、というのがたぶん深海生物の戦略です。

――「人間は心を持っていますが、どれくらい前から心を持ったのでしょうか」

これはなかなか難しい。心の起源の問題は難しいんです。つまり心は化石にならないので、化石を探してもよくわからない。遺伝子を調べればわかるかも。でも、どの遺伝子が心の遺伝子かというのがまだわからないんです。愛情遺伝子はわかります、がんばり遺伝子もわかります。じゃあ、心の遺伝子は何だというのはまだわかっていないんです。

ただ、遺伝子を見てもわからないというのはありますが、たとえば考古学で言うとお墓ですね。死んだ人を埋めるお墓というのはいつできましたかというのはわかっています。そうすると、私たちの種類、ホモ・サピエンスは何万年も前からお墓をつくっているし、私たちの兄弟種、別種だけれど兄弟的なネアンデルタール人もお墓をつくっているので、彼らにもそういった心はあったのかなと。

でも、ネアンデルタール人とわれわれより前の人類にはお墓はないので、お墓をつくるぐらいの心もその前はなかった。お墓をつくるという心はけっこう最近の話なのかなと。でも、それは心の一部にすぎないから、心の全体で言うとちょっとわかりません。

――「人工知能が進歩すれば心を持つようになるのでしょうか」

これもわかりません。なぜならば、お墓をつくる心というのは、死後の世界を想定しているからです。でも、人工知能は頭がいいから、「死後の世界なんて、そんなものないよ」と答えをだして、お墓なんてつくらないでしょう。「そんなものコンピューターが壊れたらおしまいだよ」とか、「人間なんか死んだら土に還るんだよ」とか非常に冷徹で、冷徹なコンピューターに心があるかというと難しい。

ただ、心の起源には記憶が関連しているといわれています。だから、記憶がない動物には心は存在しないといわれているんですね。では、記憶はいつから発生したかというと、脳を見ればわかります。脳を見ると、魚には記憶がありますし、タコなんかものすごく記憶力がいいので、そうするとタコは心がいっぱいありますとなってしまう。それは本当にあり得るかもしれません。

だったら、スーパーコンピューターは記憶力がものすごいから、スパコンには心がありますかと訊かれたら、たぶん心のもとになる可能性は秘めているでしょうね、と思います。

――「七夕ということで、長沼さんは世界中のいろんなところへ行かれていますが、どこで見た星空がいちばんきれいでしたか」

まず星空を見るのにいちばんの敵はもちろん雲ですよね。雲がない状態でも、いちばんの敵は水蒸気です。日本列島は水蒸気が多いので、星を見るにはあまり適していません。だから、天文台は高い場所にあるでしょう。南米チリのアルマ天文台（アルマ望遠鏡）というところは標高５０００メートルあります。５０００メートルに行くと空気が半分なんですよ。しかも、とても乾燥していて、水蒸気が少ないので星が見えやすいです。低いところでも、砂漠は水蒸気がないので星がきれいです。だから、そういった水蒸気がないところ。高い場所か砂漠がいちばんいい。

私がいちばん感動したのは高い砂漠。すごいです。高い砂漠は水蒸気が全然ないので、昼間から宇宙が透けて見えるという感じ。本当に、そのぐらい澄んでいる空気でした。夜はもっとすごいです。

ただ、私が行ったのは、アルマ望遠鏡があるところの南米チリのアタカマ砂漠というところで、標高が２０００～３０００メートルから、４０００～５０００メートルまであるんですが、そこは地球上でいちばん乾燥しているんですよ。水蒸気が全然ない、しかも高いから空気が薄いので、星がすごくきれいな上に、あそこは南半球なので、たとえばオリオン座が逆さまなんです。

われわれ北半球の人間は、オリオン座はパッと勇ましいというイメージですよね。南半球だと反対なんです。あれを最初に見たときには自分の目を疑いました、これおかしいな、どうなっているんだろうと。そのぐらい異常な感覚に襲われました。

南半球というと、おまえは南極に3回も行っているだろう、南極で星を見ていないのかと言われるかもしれませんが、私、南極は夏しか行っていないので、南極の夏は夜がないんですね。一日中昼なので、南極では星を見たことが残念ながらありません。

――「犬は、人の言葉をある程度理解していると聞きますが、犬自身はなぜ言葉を発することができないいんですか」

犬は、本当の意味合いで、「言葉の意味」は理解していないと思います。人間の言葉の調子、そのときの人間の感情、犬は感情を読む力が強いから、そこでいまこの人は喜んでいるのか怒っているかぐらいのことを犬はわかる。

だから、犬に対して、非常に優しい調子で、「このバカヤロー、早く死ね」と言うと、犬は喜びますよね。でも、きつい言葉で、「おまえが好きだ！　コノヤロー！」と言うと犬はビビります。だから、本当のところ言葉の意味は理解していないと思います。

　犬はしゃべれますかというのは、チンパンジーはしゃべれますかという質問と似ていますが、チンパンジーも難しい言葉あるいは文章を理解するだけの脳がありません。さらに、言語遺伝子がわかっています。ＦＯＸＰ２という名前の遺伝子があって、人間界でもこの遺伝子が壊れると言葉がしゃべれません。普通の生活ができるんだけれど言葉はしゃべれない。たった1個の遺伝子が突然変異し壊れただけで言葉がしゃべれなくなる。それがＦＯＸＰ２遺伝子なのです。

　チンパンジーはＦＯＸＰ２遺伝子が人間とちょっと違います。やはり突然変異の影響でしょう。逆に言うと、われわれの遺伝子が突然変異したおかげで、われわれは言葉を理解できるようになったのであって、チンパンジーのほうが普通なのかもしれません。

　もうひとつ要因があって、それは「のど」のつくりです。われわれヒトの場合、喉が長いんです。チンパンジーに比べてわれわれは喉が長い。チンパンジーはもっと喉が短い。われわれは、喉が長くなったせいでむせます。つまり鼻から入ってきた空気が肺に行くでしょう。その途中に、食道と同じ道を共有しています。だから、物を食ったり、飲んだりしながらしゃべると、それが肺に入っちゃうのでむせるのです。でも、チンパンジーは、鼻から入ってきた空気がすぐ肺に入っちゃうのでむせません。われわれヒトは、空気を吸う道と、食べ物や水が通る道を部分的に共有しているので、その分「むせる」という損をしているのですが、逆にそれが幸いして、いろいろな音（声）をつくれるのです。
つまり、チンパンジーは喉が短いので、ギャーとかキーはしゃべれるけれど、そこから先は音がつくれません。われわれはここでたくさんの音の素《もと》をつくっておいて、あと舌と唇で音を加工して、いろんな音をいっぱい発声します。それに加えてわれわれの脳は複雑な文法が理解でき、かつ、たくさんの音の要素を組み合わせて複雑な言語を使えるようになっているのです。チンパンジーは、チンパンジーのＦＯＸＰ２遺伝子を人間並みにしたところで、喉が短いのでたぶん複雑な会話はだめです。

――「科学の本質は反証可能性、つまりそれに反対する証明ができるかできないかですが、ネオダーウィニズム、新ダーウィン主義、新しい進化論にはどういった反対意見が出ればいいんですか」

いまのところ、新ダーウィン主義、ネオダーウィニズムに反論することはなかなか難しいですけれど、もしできるとしたら、「思った方向に進化できる」という実例があればいい。ただ、われわれ人間はもうすぐできますよ。われわれ人間はそれができてしまうので、そうすると、「人間はちょっと例外」と言われるでしょうね。人間はさておき、思った方向に進化できるというのが一つの反証になります。それはたぶん人間以外にはまず無理です。でも、一応反証するとしたらそこです。

もうひとつあり得る反証は、「獲得形質の遺伝」です。私が後天的に得たものは自分の次の世代には伝わりません。失ったものもそうです。私が事故で手を失う。では、自分の子どもは片手で生まれますかというと、それはないですよね。でも、もしそういうことがあったら、新ダーウィン主義への反証になり得ます。が、たぶんそれもないです。ただ、「エピジェネティクス」による遺伝子のスイッチングだったら、環境の影響を反映したまま遺伝する可能性があり得るかもしれません。

――「深海は真の闇ということですが、深海生物には見えているのですか」

見えていると思います。われわれ人間の目は、水深２００メートルまではうっすら光が見えますが、そこから先は見えません。植物も光合成できません。でも、ある種の深海生物は、２００メートルより深い場所でも光を感知しています。だいたい１０００メートルぐらいまでは太陽の光線を感知できると言われています。

ただ、１０００メートルを超えると、さすがに深海生物といえども、太陽光線はもはや感知できませんが、こんどは逆に深海生物同士がお互いに発光するんです、生物発光。そういうことで非常に微弱な光……。私もそれを撮影しようと思ったのですが、とても無理。ＮＨＫのハイビジョンカメラでなければ無理なくらいの弱い光ですけれども、彼ら同士では生物発光が見えていると思います。

――「死ぬことが怖いですが、長沼さんは死ぬことをどう捉えていますか」

これは私が言うよりも、江戸時代の後期に生きた禅僧の良寛《りょうかん》さんの言葉があります。彼が、今風に言うと中越地震、新潟のほうで地震に遭った人に対してお見舞いの手紙を送っています。

その見舞いの手紙の中に、「災難に遭うときには遭うがよろしい」と書いてあるんです。見舞いとは思えないですよね。災難に遭うときは遭うがよろしいと。それは心構えの問題らしいのです。そして、それに続けて「死ぬときは死ぬがよろしい」と書いてある。禅の坊さんだから運命をそこまで受け入れているんでしょうけれど、私もそれです。死ぬときは死ぬがよろしいと思っています。

だから、よくアメリカの映画にあるような、絶体絶命でも最後まであがく、ミッションインポッシブル的なことはたぶんやりません。「もうだめだ、もういいや」という感じです。たぶんそうなると思います。だって、ここで必死こいて頑張ったところで、上に登ったらまた何かいて、バキュンと撃たれて死ぬかもしれない、そんなことなのかなと思っているので。

――「知っている中で、いちばん醜い生物は何ですか」

よく言われているのは、深海魚で水中では浮力があるから丸い顔をしているのに、陸上に出すと自分の重みでベチャッと潰れるという魚。ブロブフィッシュと言うんですけれども、ブロブ（blob）というのは「粘り気のある丸っこい塊」という意味で、水中では丸いけれど、陸上に上げるとカラダが軟らかいのでグニュッとなって、ペチャンコになる魚がいちばん醜い魚と言われています。けれど、それはむしろ可愛いくて、私が知っている中でいちばん醜い生物は……。これを言うとかなりヤバいんだよね。ここにはいないだろうな、変なやつ。

いちばん醜い生物は、イスラム国家（ＩＳ）を陰で動かしているやつ。ＩＳを陰で資金援助しているやつら。あいつらがいちばん醜いです。

――「以前、ＮＡＳＡが発表したヒ素生物ってどれぐらいすごいんですか」

本物だったらすごいです。本物だったらすごいけれど、残念ながら今では否定されています。２０１０年12月に発表されたときは、センセーションを巻き起こしたんですけどね、残念でした。

――「アポロが月面着陸してから、どうして行かなくなったのですか」

お金がないのと、用がないのと。実はアポロは6回着陸しています。アポロ11号から17

号まで行って、13号は降りていませんけれど、17号まで全部で6回降りて、12名の人間が月面を歩きました。

１９７2年12月のアポロ17号が最後でしたから、もう40数年行っていません。本当はアポロ18号があったんですが、それが飛ぶ前に宇宙ステーションのほうに変わったんです、宇宙計画が。それ以来、宇宙ステーションに資金をつぎ込んでいるので、月に行ってるカネがないということです。

ただ、こんど中国が行くでしょう。中国が行くと、たぶんアメリカもヤバいと思って行くんでしょう、きっと。


――「遺伝子組換え食品のもたらす影響」

人間の健康というよりも、むしろ生態系に対してだと思います。遺伝子組換え食品ってほとんど、虫がつかないとか、除草剤をかけても大丈夫とか、いわゆる「第一世代」の遺伝子組換え作物（ＧＭ作物）って、そういうのでしょう。そういうのはむしろ人間というよりも生態系への影響のほうを気にしたいと思います。


――「よく水と酸素がないと生き物は生きられないといいますが、それは地球上の生物の常識であって、ほかの星ではどうですか」

まず、酸素のほうはなくても大丈夫です。地球でも酸素がなくても困らないというやつがけっこういるので。酸素がない場所というのは、たとえば地底ですよね。地中は酸素がないし、人間の体内でも、腸内は酸素がないので腸内細菌は酸素がなくても大丈夫です。乳酸菌もそうです。

だから酸素がなくても大丈夫ですけれど、水がないとどうかというと、私たちが知っている生物は、みんな水とのかかわりで生きているので、水はやはり重要でしょう。水から離れて陸上進出した爬虫類やほ乳類といえども水は絶対必要なので、そういう意味では、私たちが知っている生き物はみんな水が必要です。

でも、地球以外の星には水がない環境もいっぱいあるので、そういった水がない環境の星で生き物が発生しないかというと、よくわかりませんが、一つの可能性は、土星の衛星タイタンです。タイタンの表面には油の湖があるんです。油は液体だから、そこに生命があるのか、でもそれは水じゃありませんよねと。私たちは「水の生物学」、ウォーター・バイオロジーしか知らないので、オイル・バイオロジー、「油の生物学」は知らないんです。

だから答えようがないと思っていたら、なんとカリフォルニアのロサンゼルスの市内に油の池があって、そこで生きている生き物がいます。ハエの幼虫です。親はブンブン飛んでいるんですよ。で、親は卵を油の池のそばの葉っぱの上に産んで、卵から孵った幼虫は油の池にポトンと落ちるんです。でも、油の池で変態するまで生きるんです。

餌は、油の池に間違って落っこちてきたほかの昆虫。その哀れな昆虫をその幼虫、ウジ虫は食うわけです。そいつを食うときにウジ虫の体内にも油が入っちゃうんですよ。カラダの外も中も油まみれ、でも死なない。ちゃんと発生して大人になる。

ということで、いまその研究が始まったばかりです。日本でもそういう研究を私たちの手で始めたいと思っているので、「水がなくても大丈夫」と、もしかしたら言えるかもしれません。

――「生物学的にモテる女の人ってどんな人間ですか」

モテる女の人ね。ちょっと前に、ある女性雑誌、『Ｏｇｇｉ』だったかな、それに「女から見たいい女」という特集があって、そこにあったのが、やっぱりナンバーワンは包容力でした。それは、男から見たいい女も、女から見たいい女も、ナンバーワンは包容力だったという記憶があります。

――「ハイブリッドイグアナは、海イグアナと陸イグアナが進化した動物だと聞きますが、これも新ダーウィン進化論の一つと考えますか」

新ダーウィン進化論の表れではないけれど、よくありますよ。海イグアナと陸イグアナが交わって子を産んだらハイブリッドイグアナになったという話はよくあって、たとえばシロクマ（ホッキョクグマ）もそうです。シロクマは北極の氷が融けると、氷の上でハンティングができなくなるので、嫌々陸に上がってきます。陸にはブラックベアあるいはブラウンベアがいて、そいつらと餌をめぐって競争すると思いきや、交わることもあるんですよ。すでにホワイトベアとブラックベアのハイブリッドが産まれています。ブラックとホワイトの雑種なのでグレイかというと、本当にグレイです。

ということがあるので、けっこう種の壁を越えて繁殖しがちです。種の定義って、交わっても子どもができないのが種の定義ですよね。でも、人間の定義とは別に、生物界では意外と種の壁を越えて交わって子どもができちゃっています。

――「人間に再び尻尾が生える進化もあり得るか」

いわゆるバックミューテーションですね。先祖返り的な突然変異はあるかというと、あり得るだろうけれど、たぶん「キリンの首」と同じで、たった1個の突然変異がちゃんと定着するかというと、なかなかしがたいでしょうね。「尻尾のあるちょっと変わった人」というぐらいで、その人の限りで終わっちゃう可能性があります。つまり、「人間の尻尾」に進化的な、適応的なメリットがないと定着しないと思います。

――「いちばん驚いた進化した生物は何ですか」

進化の定義によりますね。われわれもチマチマした遺伝子の突然変異の連続の果てにいるのですよ。その割には、われわれ人間はけっこう派手に適応進化してしまっているので、人間は進化の奇跡だと思っています。遺伝子の突然変異みたいなチマチマした進化でないつまり、非ダーウィン進化を思わせるものでは、やはりチューブワームでしょうね。

チューブワームは、チマチマした突然変異による進化ではなく進化の「ジャンプ」をしました。ジャンプと言ったのは、ほかの生き物との共生・合体によって進化しているからです。2つの生き物が合体してというか、シロクマとクロクマが交わって灰色が産まれるなんていう話ではなく、2つが合体してワンランク上の生き物になることです。

そういった進化で成功したのは過去に2回しかないんです。一つは動物の発祥。われわれはもともと単細胞生物だったわけでしょ。その単細胞生物がここまで大きく複雑な構造を持つようになったのは、やっぱり2つの生き物が合体したせいです。

具体的にはわれわれの祖先の細胞の中にある特殊なバクテリア、専門的にはアルファプロテオバクテリアが入り込んで、居座ってミトコンドリアになった。もう一つは植物の発祥です。植物は、ミトコンドリアを持つようになった祖先細胞に、さらにシアノバクテリアが入り込んで居座って葉緑体になった。

いままでに動物の発祥と、植物の発祥という2例だけが成功例です。チューブワームは、そこにさらにガンマプロテオバクテリアが居座ろうとしているわけでして、3回目の新生物の発祥の瞬間を私たちは見ていることになるので、チューブワームがナンバーワンかなと思っています。

と、こんなところでよろしいでしょうか。ここまでにしますが、みなさんにご満足いただけたなら幸いです。ありがとうございました。

著者略歴

１９６１年、人間初の宇宙飛行の日、三重県四日市市に生まれる。４歳からは神奈川県大和市で育つ。海洋科学技術センター(JAMSTEC、現・独立行政法人海洋研究開発機構)深海研究部研究員、カリフォルニア大学サンタバーバラ校客員研究員などを経て、現在は広島大学大学院生物圏科学研究科教授。北極、南極、深海、砂漠など世界の辺境に極限生物を探し、地球外生命を追究しつづけている吟遊科学者。

主な著書に『世界をやりなおしても生命は生まれるか?』(朝日出版社)、『考えすぎる脳、楽をしたい遺伝子』(クロスメディア・パブリッシング)、『ゼロからはじめる生命のトリセツ』(角川文庫)、『生物圏の形而上学—宇宙・ヒト・微生物—』(青土社)などがある。

超《ちょう》ヤバい話《はなし》
——地《ち》球《きゅう》・人間《にんげん》・エネルギーの危機《きき》と未来《みらい》

二〇一七年八月九日　第一刷発行

著者　長沼《ながぬま》　毅《たけし》
発行者　古屋信吾
発行所　株式会社さくら舎　http://www.sakurasha.com
東京都千代田区富士見一-二-一一　〒一〇二-〇〇七一
電話　営業　〇三-五二一一-六五三三　FAX　〇三-五二一一-六四八一
編集　〇三-五二一一-六四八〇　振替　〇〇一九〇-八-四〇二〇六〇

装丁　石間　淳
本文組版　株式会社システムタンク
写真　©TOSHI SASAKI/a. collectionRF/amanaimages
印刷・製本　中央精版印刷株式会社

ISBN978-4-86581-111-7